高等教育艺术设计专业"十四五"校企合作融媒体系列教材

U0641581

广告设计

主　　编　　邱意之　　张晓丽　　李媛媛

副主编　　赖泓君　　宋　萱　　郑哲滢　　郭思恩

参　　编　　徐　腾　　胡　君　　谢增福　　张　雪

华中科技大学出版社
http://press.hust.edu.cn
中国·武汉

图书在版编目（CIP）数据

广告设计 / 邱意之 , 张晓丽 , 李媛媛主编 . —武汉：华中科技大学出版社，2023.3
ISBN 978-7-5680-9223-4

Ⅰ . ①广… Ⅱ . ①邱… ②张… ③李… Ⅲ . ①广告设计 Ⅳ . ① F713.81

中国国家版本馆 CIP 数据核字（2023）第 041834 号

广告设计
Guanggao Sheji

邱意之 张晓丽 李媛媛 主编

策划编辑：江　畅
责任编辑：刘姝甜
封面设计：孢　子
责任监印：朱　玢
出版发行：华中科技大学出版社（中国·武汉）　　电话：（027）81321913
　　　　　武汉市东湖新技术开发区华工科技园　　邮编：430223
录　　排：武汉创易图文工作室
印　　刷：武汉科源印刷设计有限公司
开　　本：889 mm×1194 mm　1/16
印　　张：10
字　　数：300 千字
版　　次：2023 年 3 月第 1 版第 1 次印刷
定　　价：59.00 元

广告是社会经济发展的产物。随着经济、科技的快速发展，广告以其迅速的传播和巨大的影响力大大激活了人们的主体意识和互动性，各种借力于媒介新平台的广告新形态亟待广告人去研究和探索。

本书为了更好地体现实用性，将课堂教学与行业需求结合，以新文科建设要求为指导，融入课程思政教育精神和职业教育精神，并依据广告设计项目流程模块化介绍相关的理论知识，可更好地培养学生的广告职业道德和专业技能；同时注重国内外优秀广告设计案例的深度分析以及真实广告设计项目实战训练流程和效果的详细介绍，以此解决初入广告之路的学生无从下手的最大问题。

为了适应信息化教学，本书有配套的线上《广告设计》慕课及大量教学资料（可扫描下方二维码获取），希望对学生以及广大的广告设计爱好者有所帮助。

本书在编写的过程中得到了诸多老师、学生以及企业（广东冠岳网络科技有限公司）的帮助，在此一并表示感谢。

受编者水平所限，谬误与不足之处在所难免，请广大读者批评指正，以便于修改和完善。

本书所有图片和视频均仅供教学使用。

扫一扫加入课程学习　　　　　　　　　　拓展资源

目录

Contents

G

模块一
实战理论准备

广告是社会经济发展的产物，且随着社会经济的发展、科学技术的突飞猛进，广告的内涵、外延以及广告信息传播方式等发生了翻天覆地的变化。在大数据精准又沉浸式传播的过程中，广告信息以其快速的传播和巨大的影响力大大激活了人们的主体意识和互动性，各种借力于媒介新平台的广告新形态亟待广告人去研究和探索。尽管如此，广告在某些方面却并未变化。不管是在传统广告时期还是数字媒体时代，只要商品存在、企业品牌存在、市场竞争存在以及人们的经济消费活动依旧存在，广告的本质、广告的功能以及广告的基本程式等则仍然保存。因此，在当下，深入了解广告相关的理论，依然具有重要的意义。

项目1 设计准备

项目描述

广告设计相关的基础理论，包括广告基本概念、广告创意本质，广告活动涉及的市场、产品及消费者三要素，以及广告著名理论。

项目目标

1. 价值塑造

培养自主创新意识。

2. 知识学习

（1）了解广告基本概念，理解并掌握广告创意的本质；

（2）了解市场、产品以及消费者特征，理解并掌握市场、产品以及消费者定位；

（3）理解并掌握 USP 理论和 ROI 理论。

3. 能力培养

（1）具有掌握广告设计基础理论知识的能力；

（2）具有进行市场、产品、消费者定位的能力；

（3）具有辨析广告的能力。

任务一 创意无限的广告

广告无处不在、无时不有，广告已成为现代生活中的不可或缺的一部分。广告借助不同的现代传播媒介，将特定产品相关信息有目的地向大众传递或推广，从而改变消费者消费行为，实现产品的销售或推广。

广告建立起了市场、产品和消费者之间的内在关联。产品需要在市场中接受检验，并通过广告告知消费者、宣传产品卖点；广告要引导消费者的消费行为，实现产品销售目的。

作品分析：图1-1所示为JBL耳机广告《Block Out the Chaos》。设计师巧妙地运用图底转换的方式，幽默地将JBL耳机具有隔绝噪声的强大功能这一卖点，准确地通过具有强烈视觉冲击力的图形传达给消费者。

作品分析：图1-2所示为Adobe广告《梦幻之旅》。该广告通过独特的创意、不可思议的奇幻画面准确传达Adobe创意无限的卖点。

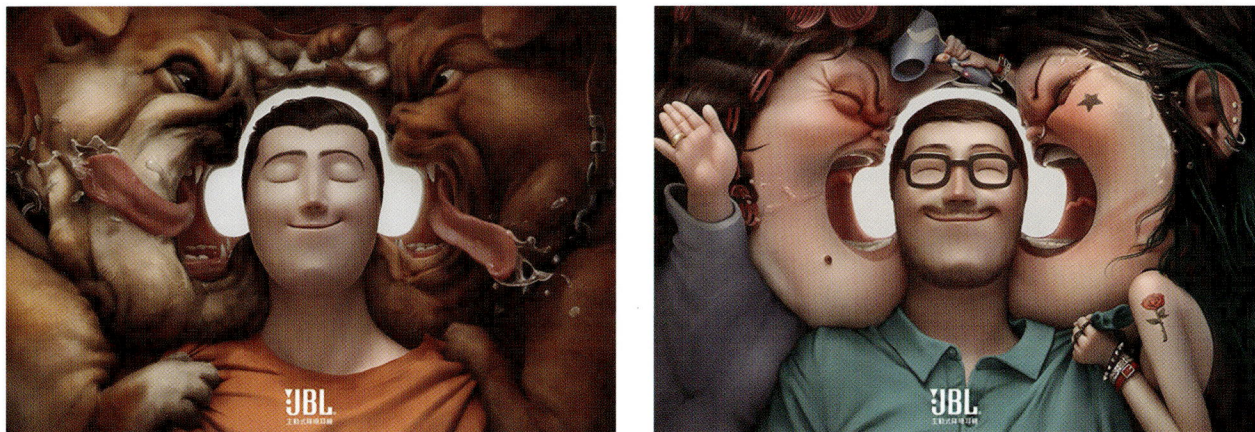

图1-1　JBL耳机广告《Block Out the Chaos》

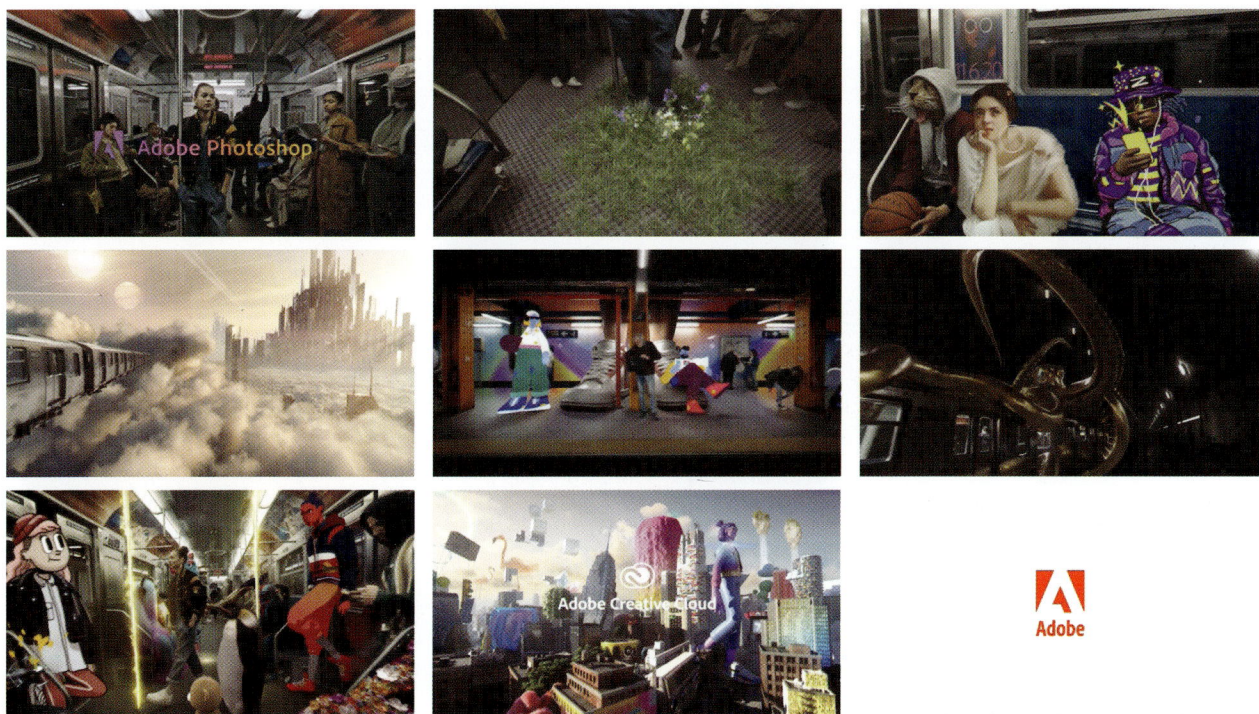

图1-2　Adobe广告《梦幻之旅》

广告创意是广告有效宣传产品卖点、将产品推向市场并影响消费者购买的关键因素。广告创意是一种创造性的艺术思维活动，就是运用创新求异的思维、具有艺术美的形式来表现设计师独一无二的创意，以获得全新的广告视觉效果，自主创新是其核心。

作品分析：图1-3所示为北极熊布胶带广告。广告运用俯视的全新角度为我们展示了独特的创意：有了强力胶，就算是长颈鹿、大象等庞大的动物都能粘得牢牢的，避免被狮子、蚂蚁围攻的危险。创新的思维、全新的角度很好地展示了设计师独特的创意。

广告创意的前提是市场，广告创意的载体是产品，广告创意的对象是消费者；广告创意是基于市场调研的结果，从消费者心理需求出发，将产品抽象诉求转变为具象、艺术的表现形式，并传达给消费者，从而使消费者实现购买行为。

图1-3　北极熊布胶带广告

作品分析： 图1-4所示为MIYABI双立人刀具广告。广告创新地运用两片薄如蝉翼的土豆片、西瓜和三文鱼透叠形成刀片的丰富形态，同时广告文案与土豆片、西瓜、三文鱼同构形成具有艺术美感的刀具外形，精准传递产品卖点，吸引消费者目光。

图1-4　MIYABI双立人刀具广告

优秀广告作品＝市场的精准分析＋消费者的深入洞察＋产品的准确定位＋广告的独特创意＋广告的艺术表现。

任务二　风云变化的市场

原始社会早期，由于社会生产力低下，没有多余的产品用于交换，此时是没有市场的。在人们解决了温饱

问题，剩余产品出现，并在特定的时间和地点有了交换之后，市场才开始出现。（见图1-5）

　　市场是社会分工和商品生产发展的必然产物，在其漫长的发展过程中，市场逐步具备开放性、自主性、竞争性及有序性的典型特征，并形成了强手如云、竞争异常激烈的局面，消费者的需求也日渐多样化。因此，各企业需要在做好商品质量的基础上，充分利用广告宣传和推广的巨大作用，在市场上占据一席之地。

图1-5　李桦《原始社会交易图》

图1-6　2019—2024年全球广告行业市场规模及预测（资料来源于Dentsu，智研咨询整理）

　　从图1-6中可以看出，全球广告行业市场规模将持续增长，这也充分说明了广告在市场中的重要作用。

　　广告成为促使企业、竞争对手和消费者三方在市场中能够更好地实现各自利益的重要推手。品牌企业和竞争对手作为存在竞争的卖方，需着重考虑如何将自己的产品在竞争激烈的市场中更好地推销出去，消费者则需要在丰富的产品中找到最适合自己的产品。因此，广告参与市场竞争、促进销售、指导消费的功能立马凸显出来，通过广告，企业能够更好地传递商品的信息，引导消费行为，实现企业利益。

广告案例：大众甲壳虫

19世纪60年代，为了帮助大众甲壳虫打入美国市场，恒美广告公司比尔·波恩巴克带领他的创意团队为甲壳虫创作了一系列优秀的广告，并紧紧抓住"小"这一卖点，以全新的"小有小的好处"的广告创意，迅速地颠覆了美国人对大车的喜爱，通过改变人们的习惯，使甲壳虫占据汽车市场一席之地。

作品分析： 图1-7所示为大众甲壳虫经典广告《Think small》。小小的甲壳虫汽车放置在画面左上角，大面积的留白带给人们遐想的空间并使人们思考"小有小的好处"。

图1-7 大众甲壳虫经典广告《Think small》

市场风云变化，81岁的甲壳虫于2019年7月10日最终退出了历史的舞台，大众为了纪念这一车型，特意制作了广告片《最后一英里》（见图1-8），以激发人们对于大众新车的期待。

图1-8 大众甲壳虫广告片《最后一英里》

作品分析：图1-8中的广告展现了甲壳虫陪伴男孩长大，见证男孩人生重要时刻后，驶向它的"最后一英里"，化身为大众车标及新车形象，广告文案"这是告别，也是新生"适时出现。

市场定位就是企业利用自己产品卖点优势占有市场空间，为产品制定明确的市场目标，以满足特定消费者群体需求的市场策略。在此过程中，企业尤其要通过产品创立个性鲜明的品牌特性，并塑造出独特的市场形象，从而赢得消费者认同。

现代市场是一个竞争激烈、风云变化的市场，只有紧紧把握市场的脉络、找到产品的市场定位，恰当地利用广告的宣传推广作用，才能更好地帮助产品占领市场。

任务三　琳琅满目的产品

产品是社会经济发展的产物，随着社会经济的快速发展以及科学技术的进步，产品种类逐渐由单一化朝多样化转变。

一方面，不同的新品种、新类型层出不穷，消费者面对产品的可选择性越来越丰富化，企业之间的竞争也日趋激烈。要想从众多产品中突围，成为消费者的首选，恰当的产品广告宣传就显得尤为重要。（见图1-9至图1-11）

另一方面，虽然产品的种类呈多样化发展趋势，但是产品同质化现象也日趋严重。不同品牌企业在同类产品性能、外观、加工工艺、制作流程甚至营销手段等方面相互模仿，形成产品和竞争对手的无差异现状，产品都面临着随时被竞争对手替代的、激烈的市场竞争环境。

图1-9　超市展架展示的种类丰富的牙膏1

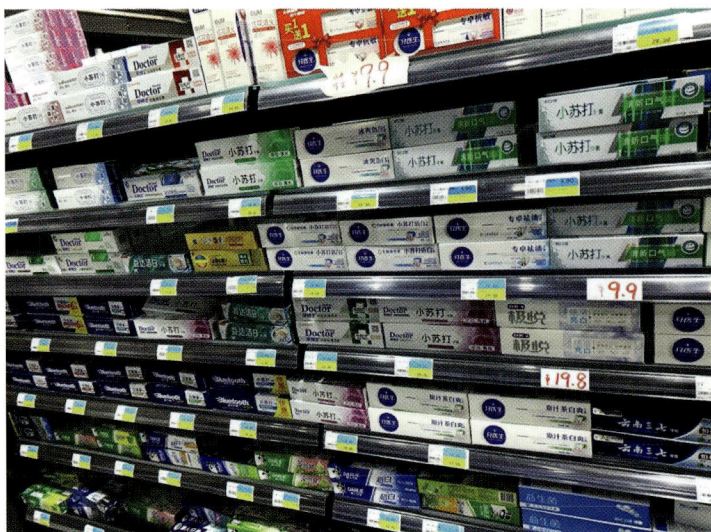

图 1–10　超市展架展示的种类丰富的牙膏 2

所有分类 >　　　　收起筛选 ^

品牌:	佳洁士　云南白药　DARLIE/黑人　舒客　LION/狮王　Colgate/高露洁　中华　纳美　冷酸灵　marvis　冰泉　舒适达	多选　更多
产地:	中国大陆　日本　美国　韩国　意大利　德国　法国　英国　澳大利亚　泰国　西班牙　香港特别行政区　俄罗斯　斯洛伐克	多选　收起
净含量:	65g　90g　100g　115g　116g　120g　130g　135g	多选　更多
功能:	清洁　口气清新　美白　去牙渍　健龈　牙周护理　去烟渍	多选　更多
筛选条件:	适用年龄　适用对象　香味　相关分类	
您是不是想找:	黑人牙膏　儿童牙膏　牙膏佳洁士　牙膏美白　舒适达　牙膏高露洁　牙膏舒克　云南白药牙膏　牙膏狮王	

图 1–11　购物平台牙膏详细分类

随着产品丰富多样化发展，市场竞争越演越烈，人们对产品质量、售后服务等多方面的要求提高，大众化的产品已经无法吸引人们，再“香”的“酒”也需要广告的宣传和推广，只有令品牌深入人心，才能更好地吸引人们来购买。因此，在现代市场，商家需要全力寻找产品之间的差异性，也就是找到自己产品与其他产品相比较最大的特点和优点，即产品的卖点，只有找到产品的卖点，准确地进行产品定位，才能更好地打动消费者。广告则需要全力展示产品之间的差异性，也就是围绕产品的差异（即产品卖点），进行创造性的设计和艺术性的表现，进而说服消费者实现购买行为。

产品卖点就是某品牌产品区别于其他品牌产品的最具有竞争力的优点，是产品最有价值、也最容易吸引消费者接受的特点，而这也正是广告要向受众推销的商品的创意点，也即产品的定位。只有在对自己产品卖点及竞品卖点准确了解和把握的前提下，进行精准的产品定位，企业才能进行有创造性的且有效的广告活动。

广告案例：农夫山泉、百岁山和依云

农夫山泉、百岁山和依云这三个品牌的主要产品都是水，但是面对激烈的市场竞争，采取了不同的产品定位策略，在其广告推广和宣传中都延续传达着产品的显著卖点，正是因为这三个品牌对其自身的每个产品都找到了区别于其他产品的最大卖点，它们的产品才能够在激烈的市场中占据一席之地。

1.农夫山泉

广告语一："我们不生产水，我们只是大自然的搬运工。"

广告语二："什么样的水源孕育什么样的生命。"

农夫山泉一直宣传本品牌水天然、健康的卖点。

作品分析： 图1-12中广告通过展示实景水源地拍摄的照片以及广告文案"什么样的水源孕育什么样的生命"，进一步强调农夫山泉水天然、健康、高品质的特性。

图1-12　农夫山泉广告《什么样的水源孕育什么样的生命》

作品分析： 图1-13所示的农夫山泉视频广告犹如纪录片，向我们真实展示水源地及水天然、健康的卖点。

图1-13　农夫山泉视频广告《长白山的故事》

2. 百岁山

百岁山的广告语是"水中贵族"，宣传产品高贵、经典的卖点，见图1-14。

作品分析：图1-14中广告通过文案的描述说明产品水源珍贵稀有的特点，强调产品"高贵、经典"的卖点。

图1-14　百岁山广告

作品分析：图1-15所示的百岁山广告以笛卡儿和瑞典公主克里斯汀的故事为蓝本，贵族之气充满画面，延续传递百岁山"高贵、经典、瞩目"的卖点。

图1-15　百岁山广告《笛卡儿和瑞典公主克里斯汀》

3. 依云

法国依云矿泉水的广告语是"Live young"（活得年青），强调天然纯净、年轻健康的品牌调性。

作品分析：图1-16中广告运用双栏构图形式，用大人的下半身和孩子的上半身构成全新的形象，通过幽默有趣的形式来传达产品可使人保持年轻的卖点。

图 1-16　依云广告

作品分析： 图 1-17 所示的广告沿用一贯幽默的设计风格，通过成人与童年自己的各种动作的戏剧化对比，创意地将产品"活得年青"的卖点完美展示在消费者眼前。

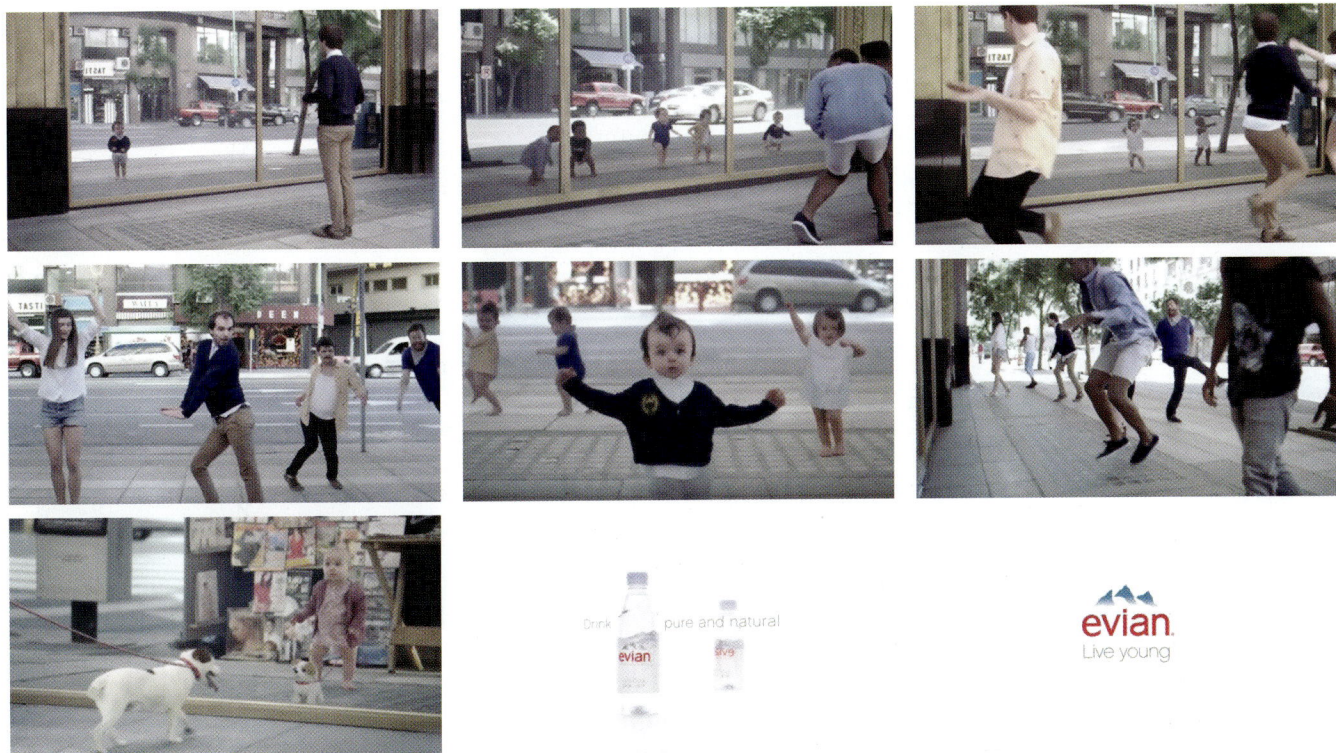

图 1-17　依云广告《返老还童》

任务四　摇摆不定的消费者

消费者是市场营销最为重要的环境，也是产品营销的最终目标。产品营销的最终目的就是发现消费者，并引导消费者的购买行为，从而使消费者实现购买结果。

消费者从宏观上来看是一个巨大的整体，从微观上来看体现为具有丰富多样性的个人，是整体和个体的统一。

（1）消费者是市场的参与者，参与市场中的每一个环节。

（2）消费者是产品的使用者，产品最终是为人服务的，而人又是产品生产的决定性因素，人和产品二者相互作用。

（3）消费者是信息的接收者，是信息传递的归宿，但消费者并不是被动地接收信息的，而是积极地寻求有用信息为自己所用。

（4）消费者是信息的反馈者，现代信息传播是双向的，消费者接收信息后，必然会对其产生相应的反应，这些反馈的意见对信息的再输出具有重要的意义。

广告案例：索尼耳机

索尼WS410系列运动耳机卖点是造型小巧、轻便，适用于多样运动场景，如何将这些概念更好地传递给消费者，并让消费者记忆深刻、感同身受呢？索尼公司在深入调研消费者心理习惯之后发现：真实运动场景的展示更容易让消费者具有身临其境的沉浸感。于是，广告（见图1-18）中将主人公佩戴耳机游泳、登山、跑步以及拳击等多样的运动场景真实地呈现在消费者面前，带给消费者身临其境、逼真的感受，运动耳机卖点也由此轻松传达给消费者。

作品分析：图1-18中多样运动场景的真实展示，完美地向消费者传达出耳机适用于不同运动场景的卖点。

图1-18　索尼WS410系列运动耳机广告

由于现代市场、产品的复杂性，消费者的行为也具有以下特点：

（1）复杂性：由于消费者人数众多，分布在不同行业和领域，在性别、年龄、经济条件等诸多方面都存在着明显的个体差异，这就造成了消费需求和购买行为的千差万别。

（2）可诱导性：广告是使品牌企业同消费者沟通并使二者在情感、价值观和文化习俗等方面达成一致性，越是具备能拉近二者距离、打动消费者的诱导因素越能达到促销目的。

（3）易变性：消费者消费具有典型的不确定性，对品牌的忠诚度越低，购买可变性越高。

（4）情感性：消费者在购买产品时大多根据个人的喜好做出购买决策，并容易受到促销活动、促销人员等的影响。

正是由于消费者的行为具有以上种种特征，为了更好地实现产品信息的传递，做到有的放矢，品牌企业和广告设计者就需要进行准确的消费者定位。

　　作品分析： Nutcase 安全头盔的卖点在于具有良好的头部保护功能。图 1-19 中广告运用夸张幽默的表现手法，将戴头盔后不惧怕任何凶猛动物攻击的卖点准确传递给消费者，同时幽默的图画也能更大程度地吸引消费者的注意，引发情感共鸣。

图 1-19　美国 Nutcase 安全头盔广告

　　基于消费者的行为特点，广告创作必须深入研究消费者在情感、价值观、生活习惯、经济水平、受教育程度、审美情趣等诸多方面的具体情况，并进行产品群体的分类，针对某一特定的消费群体进行广告"对症"创意，更容易实现与消费者的心理共鸣。尤其在商品同质化日益加剧的现代社会，更需要针对特定消费群体的差异化产品销售策略，即消费者定位，其目的就是将品牌相关信息根植到"对口"的消费者心里去，并实现其消费行为。

广告案例：澳大利亚墨尔本《蠢蠢的死法》公益广告

　　澳大利亚墨尔本为宣传铁路安全制作了公益广告《蠢蠢的死法》，如图 1-20 所示。广告想提醒市民在火车附近要注意安全，没有比"在火车周围不注意安全而死掉"更蠢的死法了。针对市民对死亡的恐惧心理，设计师运用比较的表现手法，用清新的动画风格，将不同死法的重口味场景直观呈现在大众眼前，萌萌的动画角色很好地带动了大众的情绪，直白的歌词简洁明了。广告最后，"亡魂"们正以他们的死法告诫大家，火车附近不注意安全而死，才是"最蠢的死法"，直接表现广告主题。

作品分析：图1-20所示的广告中清新动画风格与各种重口味死法形成鲜明对比，以此告诫人们在火车附近要注意安全。

图1-20　澳大利亚墨尔本公益广告《蠢蠢的死法》

任务五　著名的广告理论

（一）USP理论

曾任达彼思广告公司董事长的著名广告大师罗瑟·瑞夫斯为了弄清楚产品销量与广告的具体关系，曾跟踪调查了全美78家最大商品广告客户近20年的业绩，瑞夫斯通过研究发现：好的广告都有一个"独特的销售主张"，这是打动消费者的关键。

20世纪50年代初，瑞夫斯提出了著名的USP理论，要求广告必须向消费者说一个"独特的销售主张"，就是"unique selling proposition"。到90年代，达彼思广告公司将USP定义为：USP的创造力在于揭示一个品牌的精髓，并通过强有力的、有说服力的证据，证实它的独特性，使之所向披靡、势不可当。

广告案例：玛氏糖果公司M&M巧克力豆

瑞夫斯基于USP理论，在1954年为玛氏糖果公司的巧克力豆量身定制了"只溶在口，不溶在手"的经典广告，如图1-21所示。当时糖果公司总经理约翰找到瑞夫斯，希望能够为这款巧克力豆产品重新定位，设计一个能够被消费者接受的广告。瑞夫斯通过交谈得知，玛氏的巧克力豆是美国唯一一款用糖衣包裹的巧克力，后经过市场调研发现，巧克力目标客户的消费痛点就是巧克力极易融化沾手，于是挖掘出M&M巧克力豆独特卖点"好吃不沾手"。其经典广告语"只溶在口，不溶在手"由此诞生。这句广告语不仅极大地突出了产品的独特卖点（这个卖点是有巨大吸引力的），又传达给了消费者这个明确的好处，既满足了人们在其他巧克力产品中无法得到满足的独特需求，同时还传递了产品口味很好，以至于人们不愿意让巧克力在手上停留片刻的观念。广告播出后，玛氏巧克力豆销量猛增。"只溶在口，不溶在手"这一经典广告语也流传至今。

　　作品分析： 图 1-21 中的两幅广告都强调产品 USP"只溶在口，不溶在手"。

图 1-21　M&M 巧克力豆广告

　　作品分析： 图 1-22 所示的这则广告也传达了"只溶在口，不溶在手"的卖点，巧克力不会在手里融化，所以根本没必要到碗里去，因此，巧克力豆们都很生气。也因为巧克力豆好吃，需要拿一个大碗来装，广告中主人的碗小了装得少，根本就不够吃，所以巧克力豆们对此也很生气。

图 1-22　M&M 巧克力豆广告《快到碗里来》

广告案例：总督牌香烟

　　瑞夫斯经过调研发现总督牌香烟的过滤嘴有两万颗过滤气瓣，因此制定产品的卖点并拟定广告标题："总督牌能给你而别的过滤嘴不能给你的是什么呢？"广告（见图 1-23）正文中的回答是："只有总督牌在每一支香烟的过滤嘴中给你两万颗过滤气瓣。当你所吸的香烟味道透过时，它就过滤、过滤、再过滤。"这支广告使总督牌香烟的销售额由 1940 年的 110 万美元增长到 1945 年的 1800 万美元。

作品分析：图 1-23 的广告中，"两万颗过滤气瓣"正是产品给消费者的独特需求的回应，也即是产品的卖点。

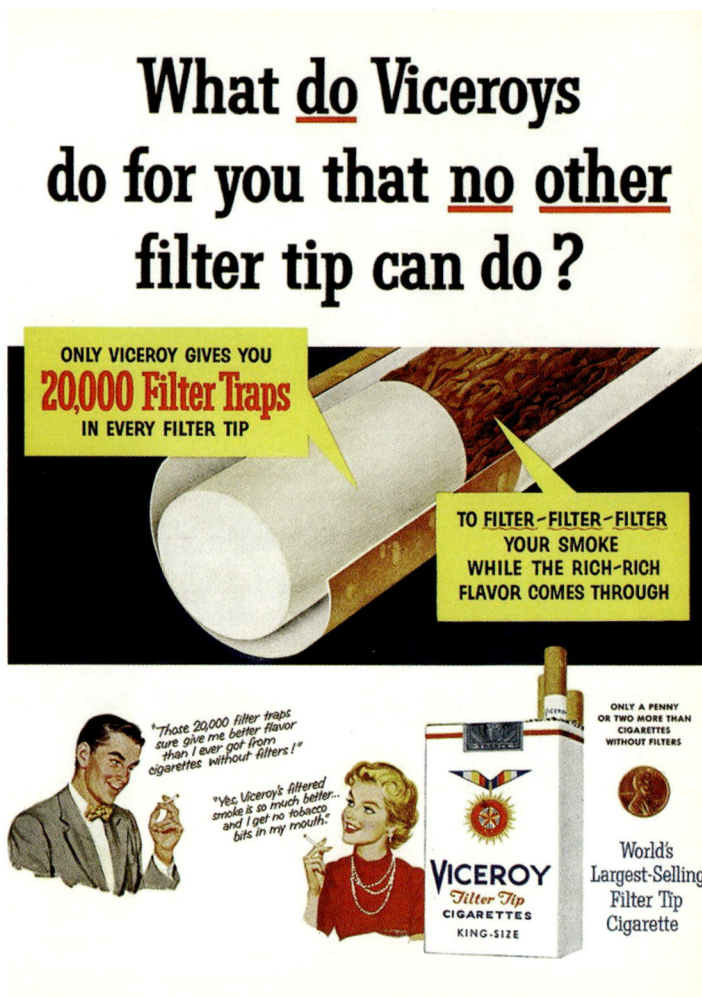

图 1-23　总督牌香烟广告

在上述巧克力豆和香烟广告中，罗瑟·瑞夫斯都采用了经典的产品广告销售策略，人无我有，就是产品的"独特卖点"，也因此能够满足目标客户的独特需求。1961 年瑞夫斯写了《实效的广告》一书，书中总结了他多年研究广告与销量的心得，全面梳理了 USP 理论。他提出应该建立每个产品的 USP，并将它传达给受众。

一个成功的 USP 必须具备以下几个条件：

（1）强调产品具体的特殊功效和利益——每一个广告都必须给消费者一个独特的销售主张。

（2）这种特殊性是唯一的、独特的，是竞争对手无法提出的或没有宣传过的。

（3）有强劲的销售力，能打动人，吸引新顾客购买。

广告案例：台湾"多喝水"瓶装水

"多喝水"是台湾一款著名的瓶装水品牌，与同类品牌主打水质的卖点不同，"多喝水"坚持 20 多年的感性营销，将目标消费群定位为 15～23 岁的高中生以及大学生，坚持与他们平等对话，所以产品调性是酷酷的、有态度的。广告（见图 1-24）一直宣传品牌感性的卖点，这是独一无二的 USP，从年轻人的角度出发，洞察他们的心态，在为年轻人发声的同时，潜移默化地影响并紧抓年轻群体，吸引年轻消费群体购买。"多喝水"独特的销售主张，使其多年来一直稳居台湾地区瓶装水市场的领导地位。

　　作品分析： 图 1-24 所示的广告从年轻人的角度出发，倡导换个角度看世界的积极态度，独特的销售主张成为吸引年轻人的最大卖点。

图 1-24　台湾"多喝水"广告

（二）ROI 理论

　　20 世纪 60 年代，著名的广告大师威廉·伯恩巴克根据自身创作经验累积总结出来一套广告创意理论，该理论基本主张是：优秀的广告必须具备三个基本特征，即关联性（relevance）、原创性（originality）、震撼力（impact），简称 ROI 理论。ROI 理论核心要点包括三方面内容：

　　（1）关联性，就是广告创意的主题必须与商品、消费者密切相关，找出商品最能满足消费者要求的利益点。只有紧紧抓住商品、消费者和竞争品牌三个方面，并洞悉三者与广告之间的微妙关系，才能找到其中合乎情理的关联。

广告案例：百威啤酒广告

　　百威啤酒广告（见图 1-25）要宣传的是啤酒口味"既不重又不淡、刚刚好"的卖点。那如何来体现它区别于其他啤酒的独特卖点"口味刚刚好"呢？广告利用故事主人公声音和动作建立起了与产品特点和消费者之间的关联，声音、动作幅度小不起作用，声音太大、动作超强又适得其反，通过二者对比，印证"口味刚刚好"的啤酒正是消费者需要的。关联性在百威啤酒的广告中起到了至关重要的作用，使产品独特卖点形象生动地呈现出来。

　　作品分析： 在图 1-25 所示的广告中，设计师通过创意建立了广告作品、产品卖点与消费者之间的关联，并通过直观的画面让消费者准确接收产品相关信息。

图1-25　百威啤酒视频广告

（2）原创性，即广告创意与众不同，其创意思维特征就是要"求异"，包含两方面内容：一是挑战传统，突破传统才能有创意，旧元素、新组合；二是差异化表现，力求找到与竞争对手的差异，并强化该差异，以获得与众不同的效果。

（3）震撼力，广告作品要能在瞬间引起消费者注意，并有使消费者在心灵深处产生震撼的能力。震撼力的产生基于：一是对产品个性独特且透彻的理解，二是对受众心理精准且细腻的把握。只有充分理解产品个性，并结合产品受众的心理状况进行有针对性的创意设计，广告作品才能引发情感共鸣、感染受众。

广告案例：日本村田殡仪馆

日本村田殡仪馆广告（见图1-26）是一则与众不同的广告。提到死亡，大多数人的第一反应是恐惧，但是在这则题目为"旅途，才刚刚开始"的广告中，死亡竟被日本人拍出了另外一种温度。广告将人生的最后一段路程比喻为开往远方的列车，临终的人们在车上相遇，互相诉说自己的故事，虽然对这趟旅行怀着忐忑的心情，但又有所憧憬，眼中留恋不舍但并不伤心，俨然已经明白旅途的意义。这则广告有创意地从"旅途"的角度诠释了对死亡的理解，死亡话题沉重，但是广告营造的从容和坦荡感动了人们，拨动着人们的心弦，主动引导着受众的情绪，更新受众对于殡仪馆产品或服务的印象和认知，并使其换一个角度看死亡。

作品分析： 图1-26所示的广告中，临终的人们在列车上的温馨对话营造了面对死亡的从容和淡定，感染了许多人，该广告从全新角度诠释了对死亡的理解，赋予了广告一种人性的温度。

对于ROI理论的三个要点内容：关联性要求准，即定位要准，是理性逻辑，需要建立广告与产品、消费者和竞争者之间的关系；原创性要求新，即创意要新，从心理定位的角度，找到产品之间的差异性；震撼力要具有情感，也就是广告表现要具有情感性，诉说感情需求，以此沟通受众情感，得到认同。

图 1-26　日本村田殡仪馆广告《旅途，才刚刚开始》

模块二
实战利器装备

"工欲善其事，必先利其器"，优秀广告作品是建立在深入了解并熟练掌握广告设计各种利器装备的基础上而创造出来的。广告设计第一大利器是设计要素利器（设计利器），包括图形、色彩、文字三大视觉要素以及版式。图形、色彩和文字在广告设计中有着重要的地位，版式则可让这三者相互作用，共同传达设计主题。广告设计第二大利器是创意利器。对于现代广告，创意是广告的生命和灵魂，设计者借助创造性的思维活动，利用丰富的创意方法来准确表达广告主题，并以此激发消费者的购买欲望。广告设计第三大利器则是表现利器，为了使广告画面达到最佳的视觉表现效果，需要根据广告主题、作品风格等，通过对图形、文字、色彩等进行艺术化加工和处理来创造具有强烈吸引力的画面，进而吸引消费者购买，并带给人们艺术美的享受。

项目 2　设 计 利 器

项目描述

广告设计利器包括广告设计视觉三要素（图形、色彩、文字）以及版式，是广告设计的核心知识点以及重难点，需要着重理解并熟练掌握。

项目目标

1. 价值塑造

（1）培养自主创新意识；

（2）培养民族自信、专业自信；

（3）培养大国工匠刻苦钻研精神。

2. 知识学习

（1）理解并掌握图形相关知识；

（2）理解并掌握色彩相关知识；

（3）理解并掌握文字相关知识；

（4）理解并掌握版式相关知识。

3. 能力培养

（1）具有掌握广告设计利器理论知识的能力；

（2）具有熟练进行广告图形、色彩、文字及版式设计的能力；

（3）具有创造美、传承中华优秀文化的能力。

任务一　利器 No. 1：图形

图形是一种可视的视觉语言，是通过可视的且具有创意的艺术形象，来表达特定的设计主题并传递广告信息以及展示设计师独特创意思维的重要视觉载体。在读图时代，图形有时甚至能够起到"一图胜千言"的作用。同时，图形的创意表达也是多样化的，可以通过摄影、卡通绘画、图表制作、字体选择、电脑合成等各种艺术和非艺术的手段来表达，这也形成了图形丰富多样、五彩纷呈的视觉效果。

作品分析： 在图2-1所示的画面中，广告运用以华为手机夜景拍照模式拍摄的高清晰度的小动物图形来传达广告的信息，即华为手机不用闪光灯也能拍摄出逼真的效果。

图2-1　华为手机广告

作品分析： 阿根廷首都公共自行车系统运行时间制由原来的12小时改为24小时，为了推广这种不间断的服务，特推出图2-2所示的系列广告。设计师运用图形置换异构的表现方法，用小狗与尾巴、飞蛾与灯火置换了自行车的前后车轮来表达小狗、飞蛾对自己热爱之物的永不停歇的追逐，准确地传达了该城市公共自行车系统7天24小时不停歇运行的信息。

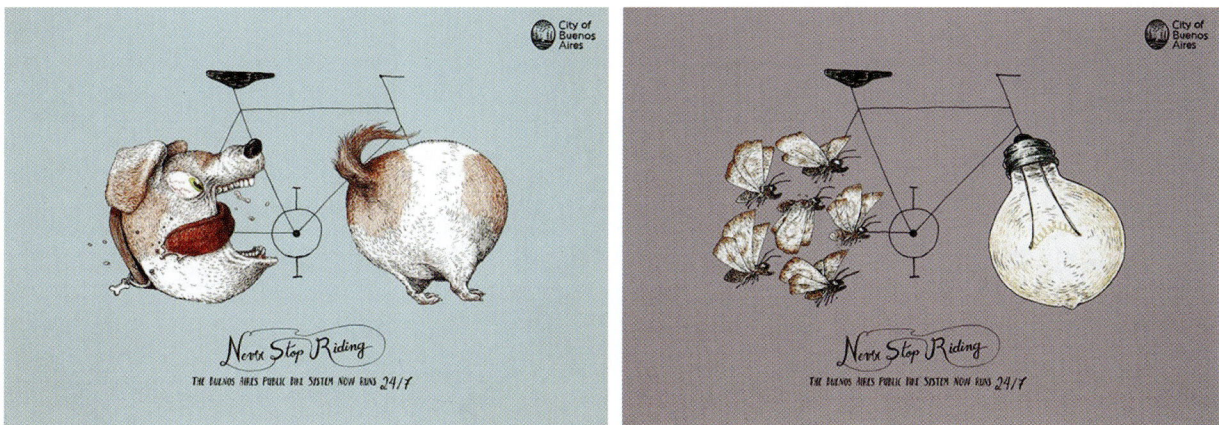

图2-2　阿根廷首都公共自行车系统广告《Never Stop Riding》（《永不停息》）

图形能准确传达商品信息主要是因为图形具备以下特征：

（1）图形的艺术性。广告运用各种艺术表现手法来创造具有艺术美的形象，并通过人们视觉上的享受来拉近产品与受众的心理距离，从而引导消费者接受信息。

作品分析： 当"国外超级玩家"奥利奥与中国传统文化元素代表——故宫联手，会擦出怎样的火花呢？图2-3所示的广告中国风精美插画的设计符合现代年轻人喜好，再配上幽默的广告语，这套系列作品具有了强烈的艺术美感和时尚特质。

图 2-3　奥利奥广告《启饼皇上》

（2）图形的创意性。创意是广告具有生命力的重要保证，也是设计师智慧的结晶，有创意的图形往往因其绝佳的构思，具有强烈的视觉表现力和吸引力，能够更快速抓住人们的眼球，吸引人们继续深入解读作品。

图 2-4　胡须护理品牌 Mandevu 广告

作品分析： 图2-4中的广告，采用电脑合成的图片表现方式将人物的脸倒置，形成极具创意的趣味图形，以此来传达"胡须也需要像头发一样被精心护理"的广告主题。整个作品构思大胆、创意独特，图形具有强烈的视觉冲击力，能在一瞬间抓住人们的眼球，吸引人们深入解读作品信息。

（3）图形的聚焦性。图形是一种大众化的流行视觉元素，由于不受国界影响，超越文化、语言、民族习俗等有多方面差异的形象化特征，它成为最直观的表达方式，能被全世界人们接受和交流。因此，图形通常作为视觉中心元素布局在画面的视觉中心位置，以期能够在第一眼聚焦受众的目光，引导受众视线，进而使受众深入解读广告信息。

图 2-5　肯德基广告《so good》

作品分析： 在图 2-5 所示的这组广告作品中，概括化的图形主体处于画面的中心，形成强烈的聚焦视觉效果。图形采用简洁明了的剪影形式，表现了张大嘴享受肯德基美味食物的孩子们，同时，孩子们张大的嘴与不同食物关联，又运用了正负形的图形表现手法，使图形更具有创意及视觉表现力，很好地传达了肯德基产品"so good"的信息。

（4）图形的传递性。广告中的图形是为广告主题以及广告信息的传递而服务的，其最终目的就是通过创意设计及艺术表现来传递设计信息，并帮助消费者顺利解读信息。

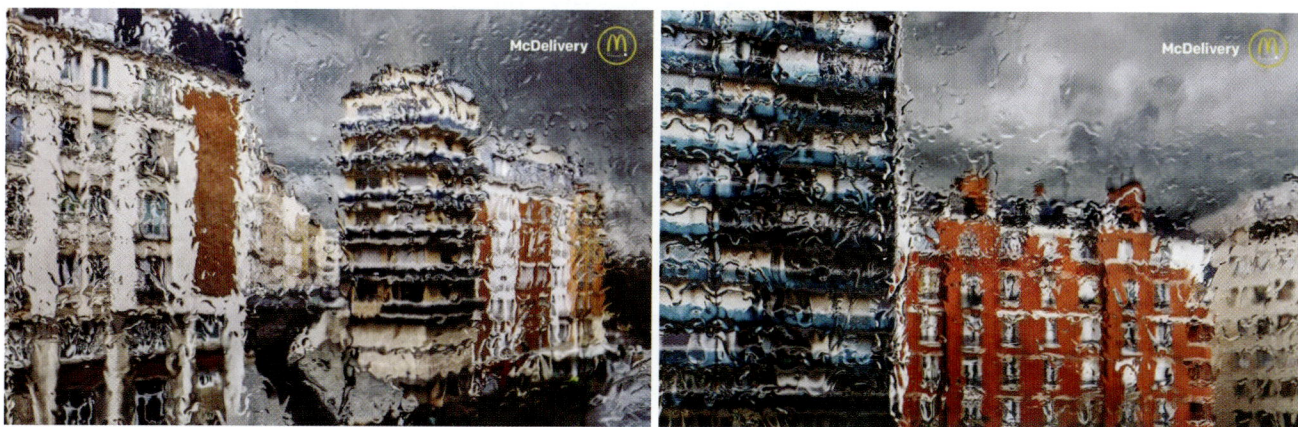

图 2-6　麦当劳外卖服务广告

作品分析： 图 2-6 所示的广告，直接用拍摄的暴雨下的真实建筑图形向消费者传达设计信息：即使天气再糟糕，麦当劳的外卖服务也能让你随时享受美味。

随着社会的进步，现代科学技术的高速发展为图形的表现带来了翻天覆地的变化。图形的表现方法逐渐由单一表现演变为形式多样、手段丰富的多元化表现，并已进入一个"超时空"领域，能在全世界范围内迅速准确传播。图形的表现方法可概括为以下几点：

（1）图形的常规表现方法：利用摄影、手绘或者电脑合成等方式表现具象的图形。这类表现方法简洁明了，同时具象、真实的图形能够让受众更快速、准确地把握广告信息。

图 2-7　Freddo 冰激凌广告

作品分析：图 2-7 所示的广告通过摄影的方式，呈现手拿不同蔬菜、面带微笑的孩子，画面言外之意为：孩子不爱吃蔬菜，可以用 Freddo 冰激凌作为孩子们吃蔬菜的奖励，这样孩子们就爱吃蔬菜了。

图 2-8　汉堡王广告

作品分析： 图 2-8 所示的广告采用跟踪拍摄表现方式，展示了 34 天时间内汉堡从新鲜到腐败的变化，真实拍摄就是为了准确传达汉堡王新鲜、没有人工添加任何防腐剂的卖点。

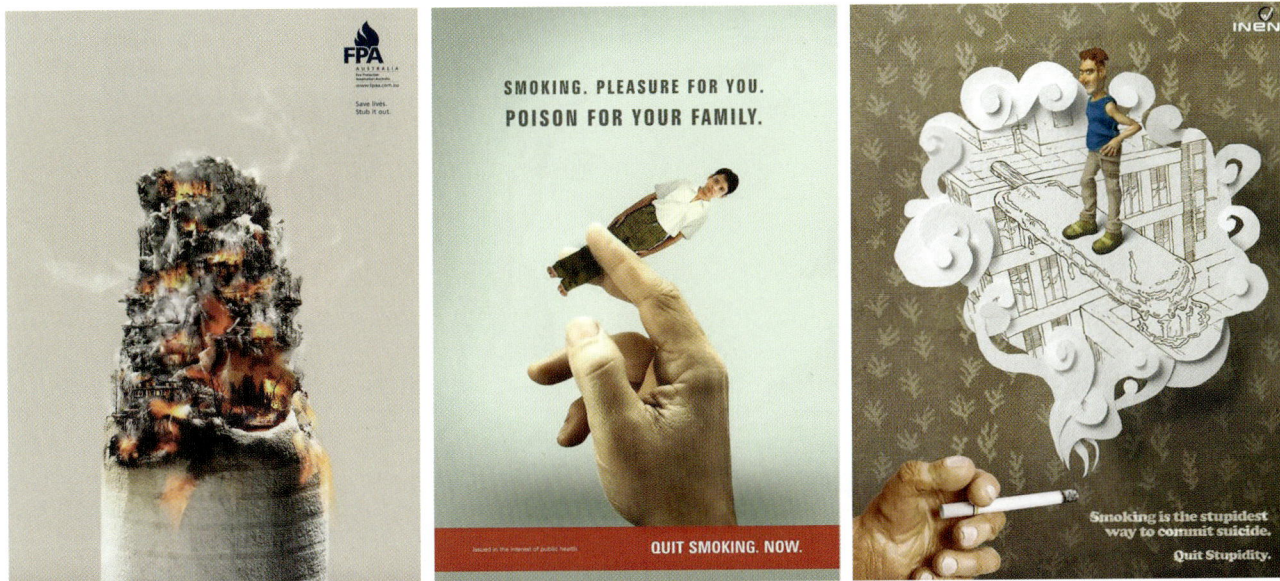

图 2-9　国外反吸烟广告

作品分析： 图 2-9 中的广告采用电脑合成图形明确表达抽烟的危害及反对吸烟的广告主题。

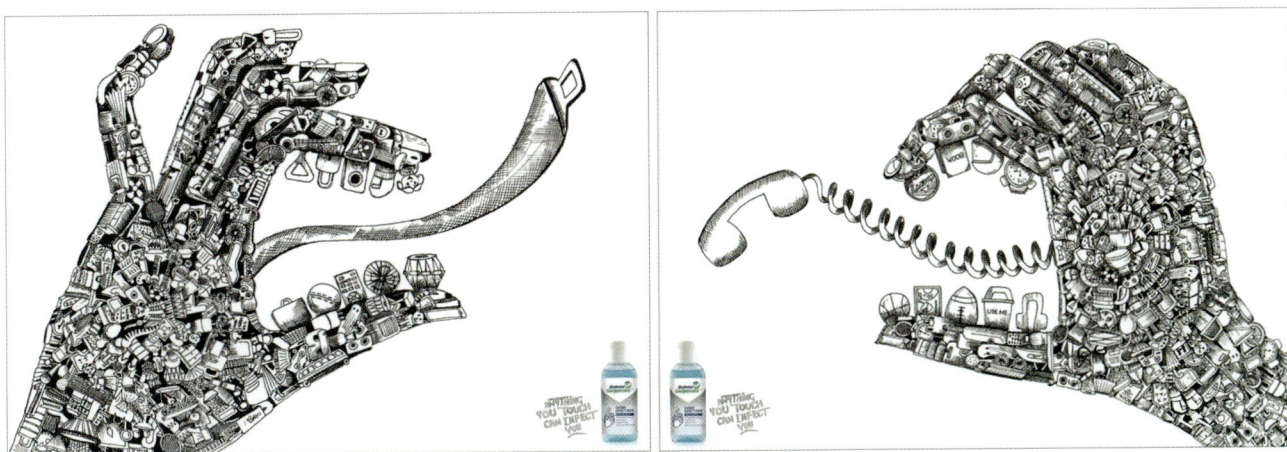

图 2-10　国外洗手液广告

作品分析： 图 2-10 中的广告采用手绘图形表达"人们每天都会接触很多东西，为了身体安全，一定要勤洗手"的信息。

　　（2）图形的非常规表现方法。这类方法是指充分运用图形的各种创意思维方式来进行图形的视觉表现，如运用同构表现、解构表现、置换表现、相悖表现、正负形表现等，丰富的创意思维的运用可使图形呈现强烈的视觉冲击力和表现力。

作品分析： 图 2-11 所示的广告对耳机采用图形置换的创意方法，将莎士比亚、马克·吐温、王尔德三位名人的身体置换成了耳机的模样，极具创意的简洁图形突出企鹅有声读物的制作水平的高超和声源质量的精良，犹如作者亲临耳边为你读书。

图 2-11　企鹅有声读物广告

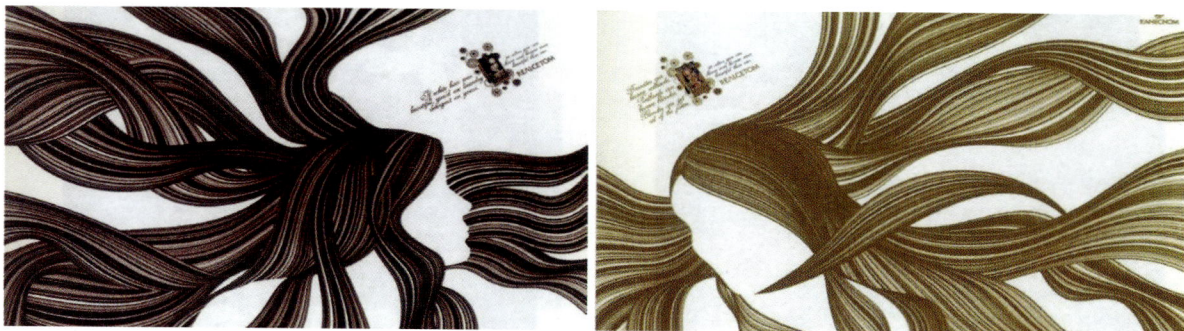

图 2-12　国外洗发水广告

作品分析：图 2-12 所示的广告运用非常规的图底转换，正形（飘逸、柔顺的头发）与负形（女孩的头像）交织缠绕，形成图形强烈的视觉效果和张力，洗发水的功效通过正负形方式完美传递给消费者。

图 2-13　大众汽车广告

作品分析：图 2-13 所示的广告借鉴了著名图形设计大师埃舍尔的矛盾空间图形作品。矛盾空间违背了日常生活中正常的空间秩序，是无法到达的，但是在这几个矛盾空间中却意外见到大众汽车的身影，给人带来疑惑的同时吸引人深入解读作品的广告文案——"4驱动，做别人无法做到的事情"，充分说明大众车4驱的高性能，能到达其他车辆无法到达的地方。

（3）图形的修辞表现方法：借用文学修辞手法中的夸张、缩小、比喻、幽默、联想等手法，来创造幽默、有趣、充满内涵的画面，从而更好地表达新的内涵和信息。

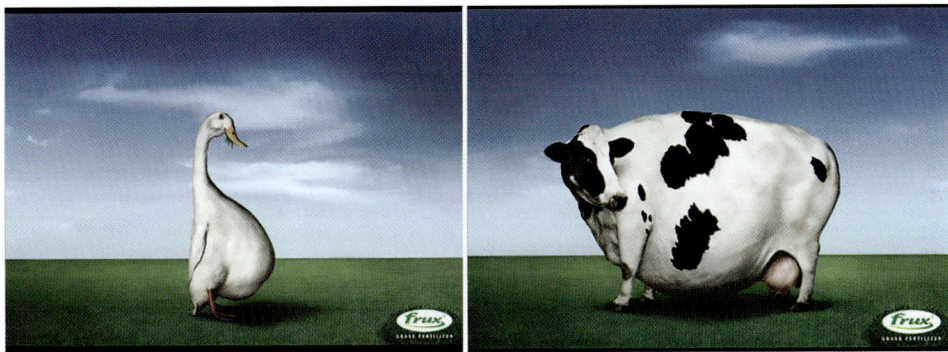

图 2-14　草场肥料广告

作品分析：图2-14所示的广告运用夸张手法展示了动物贪吃肥料后变形的大肚子，传达草场肥料美味的特点。

图 2-15　Weru 隔音玻璃广告

作品分析：在图2-15所示的广告中，为了表现玻璃良好的隔音效果，设计师将能发出声音的各种物品，如摩托车、喇叭等缩小，与正常比例的人物并置在一起，形成具有强烈幽默感的创意图形来传递产品特点，让受众一目了然并接收到广告传递的信息。

图 2-16　动物园广告

作品分析：图2-16所示的广告采用拟人化的方法，给动物园各种动物的鼻子戴上帽子，表示它们欢迎人们的到来。

图 2-17　德芙巧克力广告

作品分析：图 2-17 所示的广告中为了传达"丝般柔滑"的抽象概念，运用联觉的修辞手法将味觉柔滑感受转换为视觉感受，令巧克力如丝绸般缠绕人物，并一起丝滑舞动，将卖点"丝般柔滑"表现得淋漓尽致。

任务二　利器 No.2：色彩

色彩是广告设计视觉元素之一，恰当的色彩能准确传播广告的诉求点，是展示产品特征的重要手段，也是影响广告效果达成的重要因素，并对品牌塑造具有不可替代的作用。

图 2-18　肯德基广告

作品分析：图 2-18 所示的是肯德基为了推广其独家发售的粉红百事可乐而做的广告，为了强调其"粉红"的独家性，粉红色作为专属色彩贯穿在整个视频广告中，该颜色对于广告主题的准确传达以及产品特点的精准描述起到了至关重要的作用。

（一）色彩的作用

（1）诉说广告主题，使广告主题鲜明、突出。

（2）展示产品卖点，利于产品的宣传和销售。

广告中，设计主题及产品信息等的表达与色彩的设计息息相关，设计师往往需要运用最恰当的色彩来营造广告作品的独特画面氛围，准确诉说广告作品的特定主题和产品卖点等相关信息。

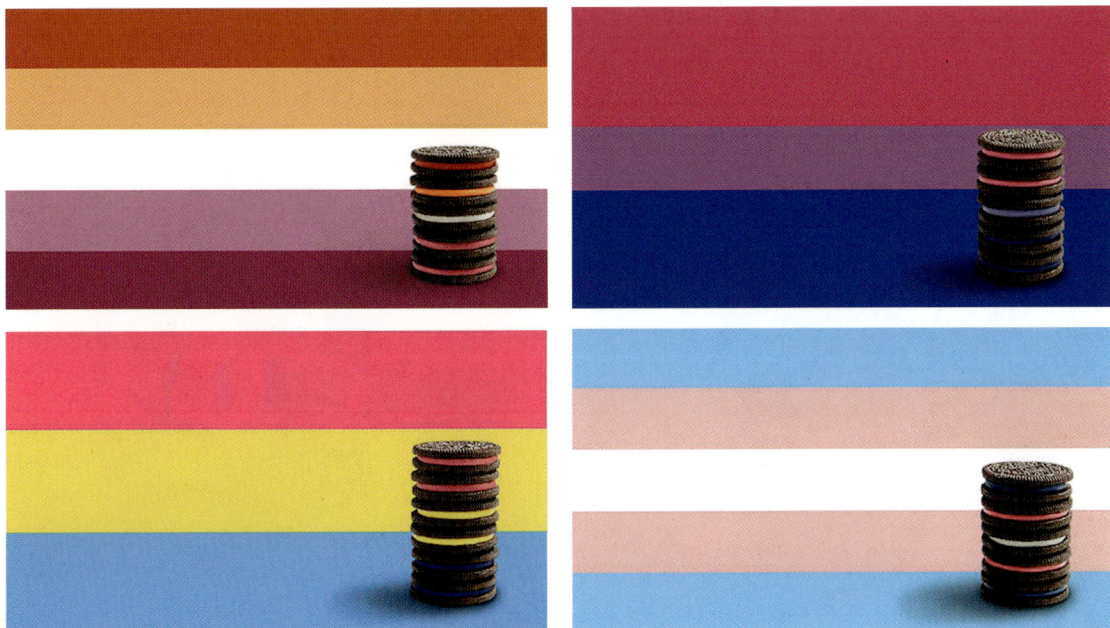

图 2-19　奥利奥饼干广告

作品分析：图 2-19 所示的广告通过高纯度的不同颜色的条状背景来充分展示饼干不同夹心口味的卖点。

（3）引发受众的情感反应。广告色彩在设计时，需要与商品的属性配合，将广告形象立体化，多方因素共同协作引发受众的各种情感反应。

图 2-20　杀虫剂广告

31

作品分析：图2-20所示的广告作品通过满版色彩及图形的设计，使观众能深刻感受到曾经经历过的用手、拍子等各种工具追杀虫子的狼狈模样，激发观众心理上的共鸣。

（二）广告的配色方法

广告配色是由广告主题、广告设计要求以及对广告特定受众的色彩喜好的深入分析决定的。为了获得广告作品的整体色彩效果，广告的色调主要由主色、辅助色和背景色构成。其中，主色作为处于主导地位的色彩，构成了画面的整体色彩倾向；辅助色围绕主色变化，帮助主色共同说明设计主题；背景色往往起到衬托主色的作用，并与主色一起构成统一整体的广告色彩风格。

图2-21　泰国酸柠檬糖广告

作品分析：图2-21所示的广告巧妙地将抽象的味觉感受"酸"转换成为丰富的视觉体验，黄色主色调能让人自然联想到柠檬的黄色，加之画面视觉中心人物吃酸柠檬糖之后酸得面部肌肉收缩，就像被用力挤压的柠檬，这样幽默、夸张、简洁的图形表现及大面积主色调的运用，营造了画面浓郁的味觉感受，直击产品卖点，准确传达给受众相关信息。

常见商品主色调的确定：

（1）食品类：常用鲜艳、丰富的色调。红、黄、橙色可以强调食品的美味与营养；绿色强调蔬菜、水果的新鲜；蓝色和白色强调食品的卫生或说明是冷冻食品；沉着、朴素的色调说明酒类等的酿制历史悠久。

作品分析：图2-22所示的广告中，鲜艳的主色调，辅以奥利奥饼干典型的黑色以及背景色，再加上作品中主题文字的点缀色，形成了整幅食品广告活泼轻松、色彩缤纷的彩色主调，点明"生活多奇妙"的广告主题。

（2）药品类：常用单纯的冷色调和暖色调。冷灰色适用于消炎、退热和镇痛类的药品，暖色用于滋补、保健、营养和强心类的药品。

图 2-22　奥利奥饼干广告

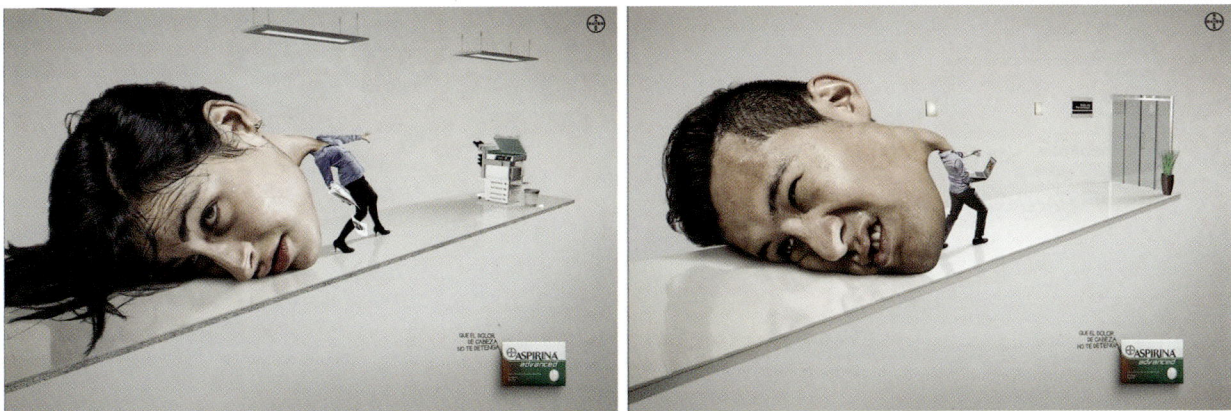

图 2-23　阿司匹林止痛药广告

作品分析： 图 2-23 所示的广告中单一颜色的背景凸显了夸张的人物造型，更好传达产品信息：为了避免如此头疼，请服用阿司匹林吧，它可以帮你解决头疼的烦恼。

（3）化妆品、香水类：常用柔和、象征脂粉的中性色彩。例如，采用红灰、黄灰、绿灰等表示女性高贵、温柔的性格特点；男性化妆品与香水广告则多用黑色或纯色，以体现男性的庄重与大方。

图 2-24　巴西 oBoticario 化妆品与香水广告

作品分析： 图 2-24 所示的广告针对不同人群使用了丰富的色彩，既符合产品调性，又符合使用人群特征。

（4）五金、机械、仪表类：常用黑色或单纯、沉着的蓝色、红色等，表示此类产品的坚实、精密或耐用的特点。

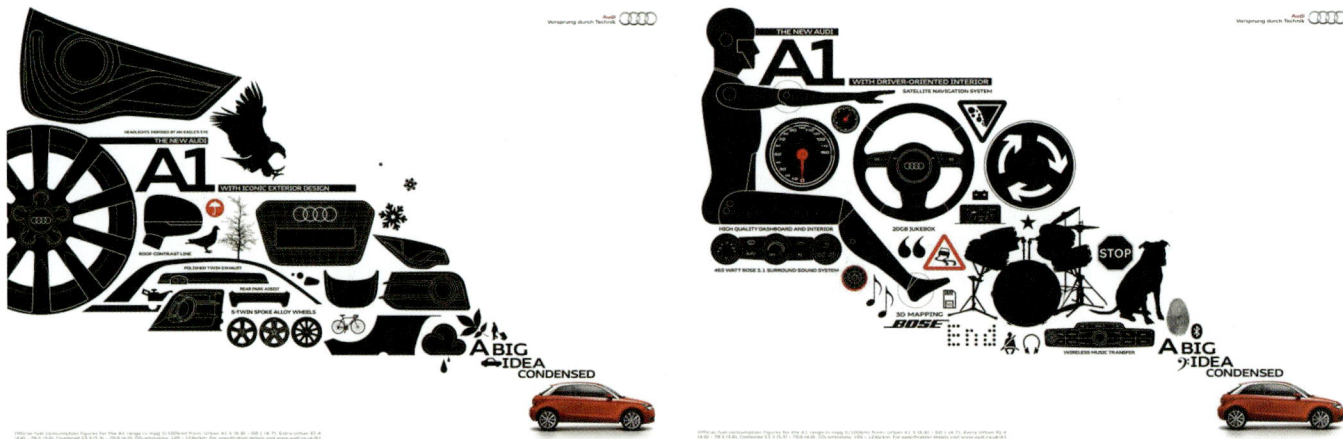

图 2-25　德国奥迪 A1 广告《A BIG IDEA CONDENSED》（《小身材，大智慧》）

作品分析： 图 2-25 所示的汽车广告中，白色背景，加上分解后重构的黑色汽车零件组成的图形，给人精密、坚实之感，强调汽车高品质。

（5）儿童用品类：常用鲜艳的纯色以及色相对比、冷暖对比强烈的色彩，以适应儿童的天真、活泼。

作品分析： 图 2-26 所示的广告中，缤纷的色彩、活泼的文字都非常符合儿童用品类广告特点，更容易吸引孩子们的眼球。

图 2-26　巴西 DI SANTINNI 儿童用品广告

　　总体来说，在广告的配色中，主色调和辅助色之间的比例要保持平衡，辅助色一般在画面中起平衡色彩的视觉效果的作用，并减轻由主色调强烈视觉冲击而产生的视觉疲劳感。主体色与背景色是对立统一的关系，在设计时，一定要考虑二者之间的适度对比；为了突出主体，广告画面背景色通常比较单一，多用柔和、与主体色相近的色彩或中间色来突出主体色；也可用统一的暗色突出较明亮的主体色，以达到主体形象突出、色彩效果强烈的目的。

任务三　利器 No.3：文字

　　广告文字包含广告标题、广告正文（广告文案）、广告语和广告附文四部分。

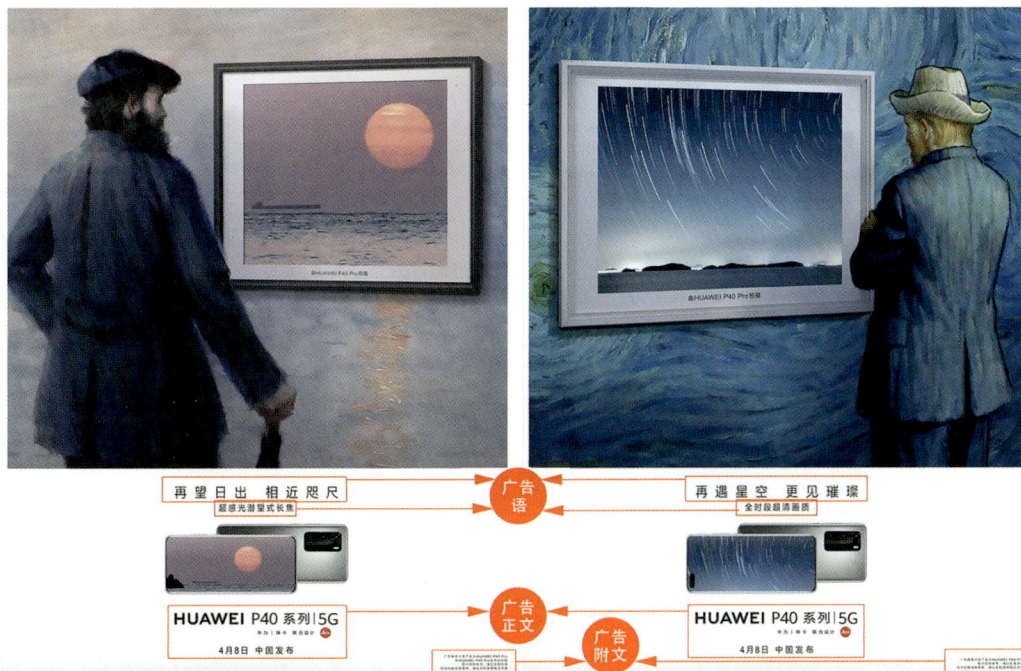

图 2-27　华为手机广告

　　作品分析： 图 2-27 所示的广告作品中广告语、广告正文以及广告附文的组合设计，使消费者能准确掌握广告所宣传的产品信息。

（1）广告标题，是表达广告主题的短文，标题的设计可采用四法：扣题、创新、简洁和宣传。标题是紧扣广告主题，通过创新思维创造出来的生动精彩的简短语句甚至是短语，用于宣传产品的卖点，一般在广告中起画龙点睛的作用，以获得瞬间打动受众的效果。

图 2-28　方太抽油烟机广告《人间百太》

作品分析： 在图 2-28 所示的这组主题为"人间百太"的作品中，设计师聚焦现代独立女性，创新地将品牌 logo"方太"根据不同幸福家庭，改为"周太""张太"等，呼应"人间百太"的广告主题，广告标题"每个幸福故事，作者都叫太太"紧扣广告主题，通过呈现千万个家庭的太太的不同幸福时刻，一方面打动消费者，实现心理情感上的共鸣，另一方面更好地传达方太油烟机能带给每个家庭幸福的卖点。

（2）广告正文，即广告的文案或说明文，说明广告中需要传播的信息内容，具体阐述产品或服务，有说明、解答、鼓动和号召的作用。广告正文要通俗易懂、内容真实、文笔流畅、概括力强。

图 2-29　雕牌食品用洗洁精广告

作品分析： 图 2-29 中，广告正文用通俗易懂的文字详细介绍了洗洁精"有更安全的除菌效果"的信息。

（3）广告语，也称标语，是配合广告标题来加强商品形象的短句，在整个广告策略的某个阶段内将被反复使用。广告语应顺口易读、富有韵味、具有想象力，能很好传播产品的卖点，产生销售号召力。

图 2-30　方太抽油烟机广告《油烟情书》

作品分析：图 2-30 所示的广告主题为"因爱伟大"，视频以一对夫妻 50 年来往书信为载体并作为视频的背景，展示了一个平凡家庭柴米油盐下的平凡幸福。视频结尾简洁、富有内涵的广告语"油烟是爱的印记"，进一步升华方太以情感人、用幸福传播产品卖点的广告策略。

（4）广告附文，包括公司名称、地址、邮编、联系电话等，是广告中的一部分，通常放在整个版面下方较次要的位置，一般多见于报纸杂志广告中。

图 2-31　天猫双十一广告

作品分析：天猫双十一广告（见图 2-31）中体验地点等广告附文信息放在画面最下方的次要位置。

在进行广告文字设计时，广告文字设计所包含的四个部分在广告作品中不一定同时出现，应根据广告作品的内容、设计要求以及广告传播媒介特点来选择恰当的广告文字内容，并通过文字的设计准确、便捷地向消费者传达产品相关信息。

任务四　利器No.4：版式

对广告而言，版式是设计作品成败的关键，是在有限的版面空间内，按照设计主题及内容的要求，有创造性地布局版面的图形、色彩和文字等各视觉元素，并在传达广告信息的同时传递艺术美。

广告的版式可分为常规版式和非常规版式。

（1）常规版式，通常就是图形、文字和色彩三元素的布局采用较规范性的构图版式，如中心式、对称式、均衡式、对照式、满版图片式、网格式等，这种版式总体给人经典、平稳、均衡的视觉感受。

图 2-32　安踏鞋广告

作品分析：安踏鞋广告（见图 2-32）中心式版面构图方式使人物形象更醒目、突出，文字则围绕中心人物安排，共同阐述广告主题。

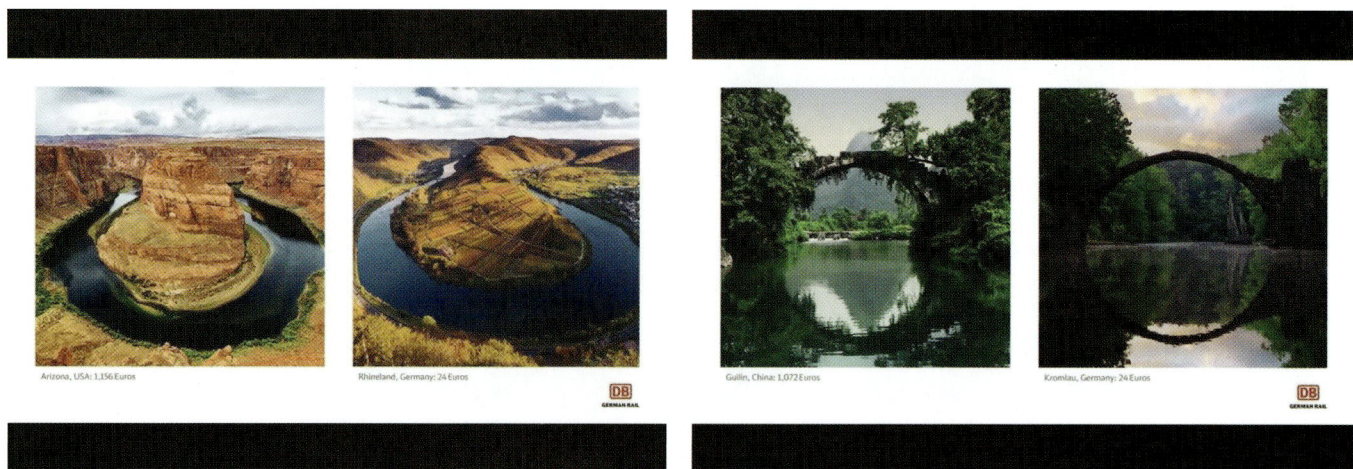

图 2-33　德国高铁广告

作品分析：图 2-33 所示的广告采用左右对照式版式来传达广告的目的：不必舍近求远去他国感受美景，德国就有一样的美景，且交通非常方便。

图 2-34　汉堡王广告

作品分析：图 2-34 所示的是汉堡王广告，上面是没有炭烧牛肉的效果，下面是有炭烧牛肉之后的强烈效果，通过上下对照的版式来传达炭烧牛肉带给人们更火爆、更美味的享受的信息。

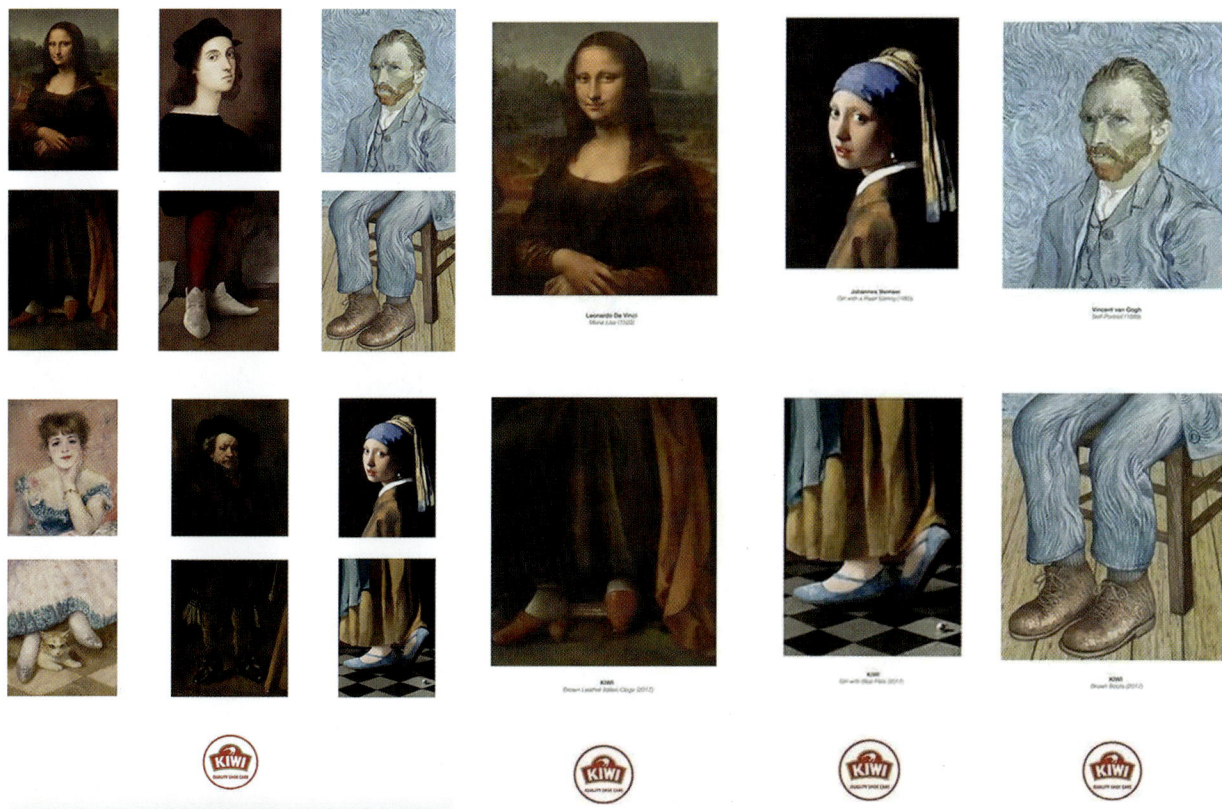

图 2-35　KIWI 鞋油广告

作品分析：图 2-35 所示的是 KIWI 鞋油的广告作品，通过网格式的版面布局给世界名画中的著名人物有创意地加上穿着鞋子的下半身，来表达鞋油像名画一般经典的品质，版面具有强烈的秩序感和稳定感。

（2）非常规版式中，版面视觉元素（图形、色彩和文字）不束缚于传统的版面布局形式，元素之间组织灵活，可大、可小、可叠加、可重复、可重构、可解构，等等，各种丰富的组织形式，形成了轻松自由、随和的版面感觉，往往带给人们视觉惊喜。

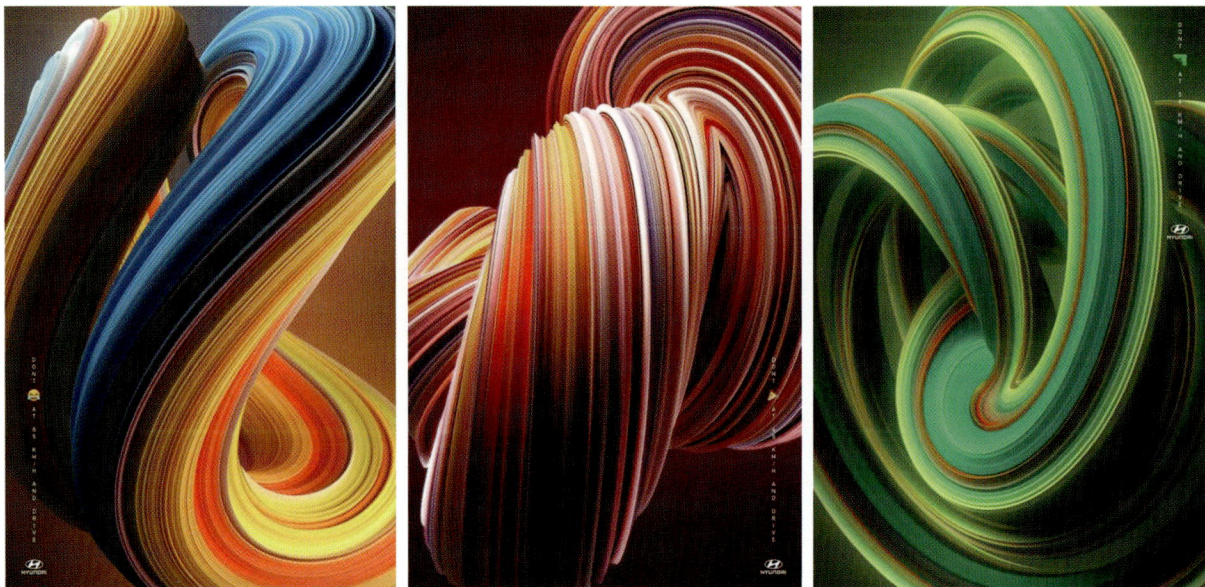

图 2-36　汽车广告

作品分析：图 2-36 所示的广告中，绚丽的色彩很难和汽车联系起来，但设计师没有使用具象的图形，只是将颜色表现的非具象形态扭曲、自由地布局在画面中，形成活泼的风格，左侧广告语告诫人们：不要开车发表情（玩手机），否则，身体就会变成扭曲体。

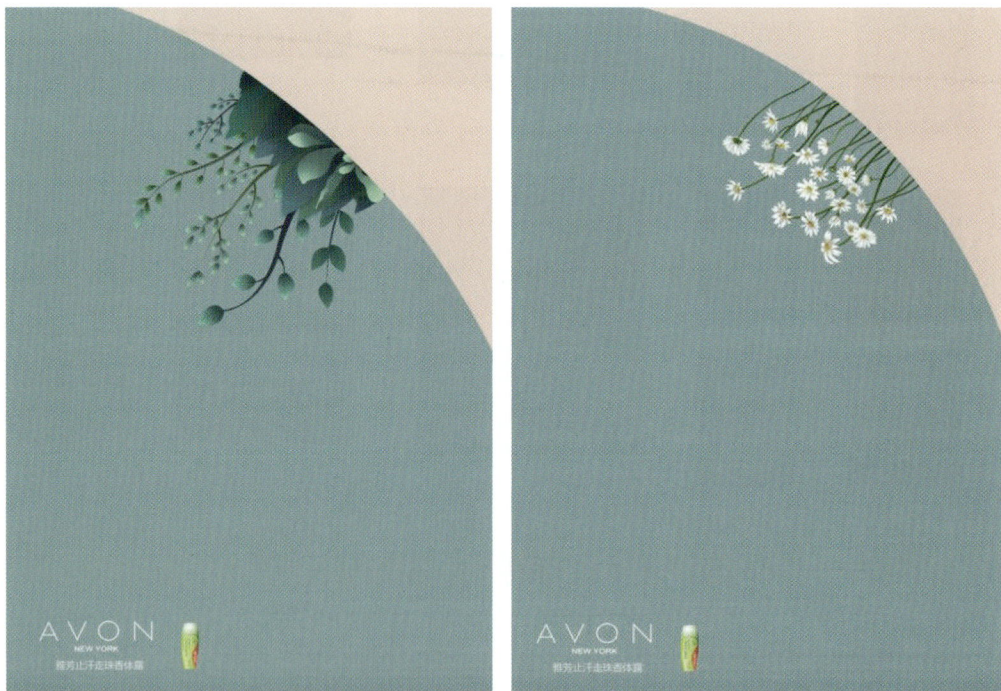

图 2-37　雅芳止汗露广告

作品分析：图 2-37 所示的广告采用独特的右上角倾斜构图，两个色块对角分割画面，形成自由的版面形式。

图 2-38　雀巢咖啡广告

作品分析： 雀巢咖啡广告（见图 2-38）打破了惯用的人物手举咖啡杯的形象，将人物缩小放在不显眼的位置，背景则被拉长夸张处理，以此形成鲜明的视觉对比，强调"暂停，休息一下"的广告主题。

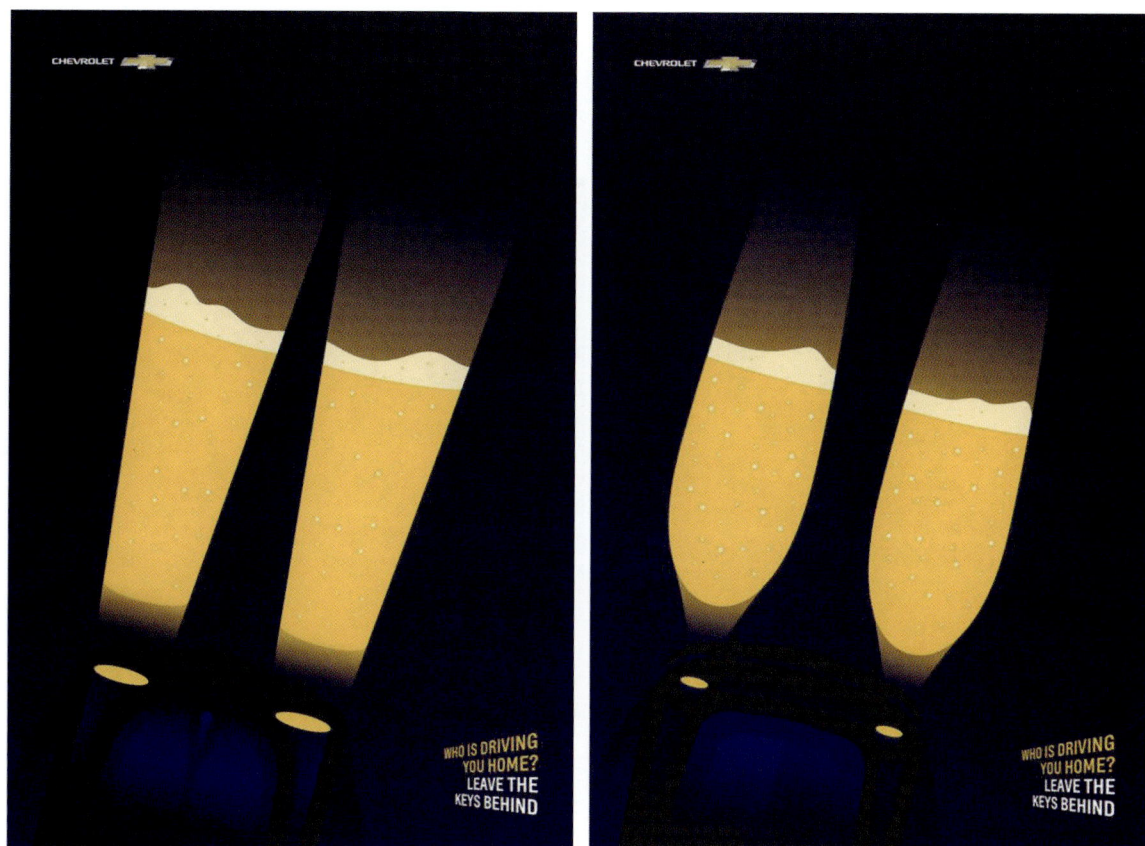

图 2-39　CHEVROLET 汽车广告

作品分析：图2-39所示的广告中，倾斜的版面构成加剧了版面的不稳定感，汽车灯光照射出酒杯形态，并采用具有强烈视觉效果的对比色，共同传达不要酒后驾车的信息。

另外，也可设计版式的无缝合奏，即广告作品版面中的图形与文字以独特的方式共同发生作用，二者相互依赖、相互影响并以统一的视觉风格来共同传递广告信息。版式无缝合奏的形式有以下一些情形：画面独特、文字简洁或文字独特、画面直白，或者画面和文字有相同的外观或风格。总之，版面中的图形和文字应该像二重奏一样配合出色，融为一体，共同传递广告信息。

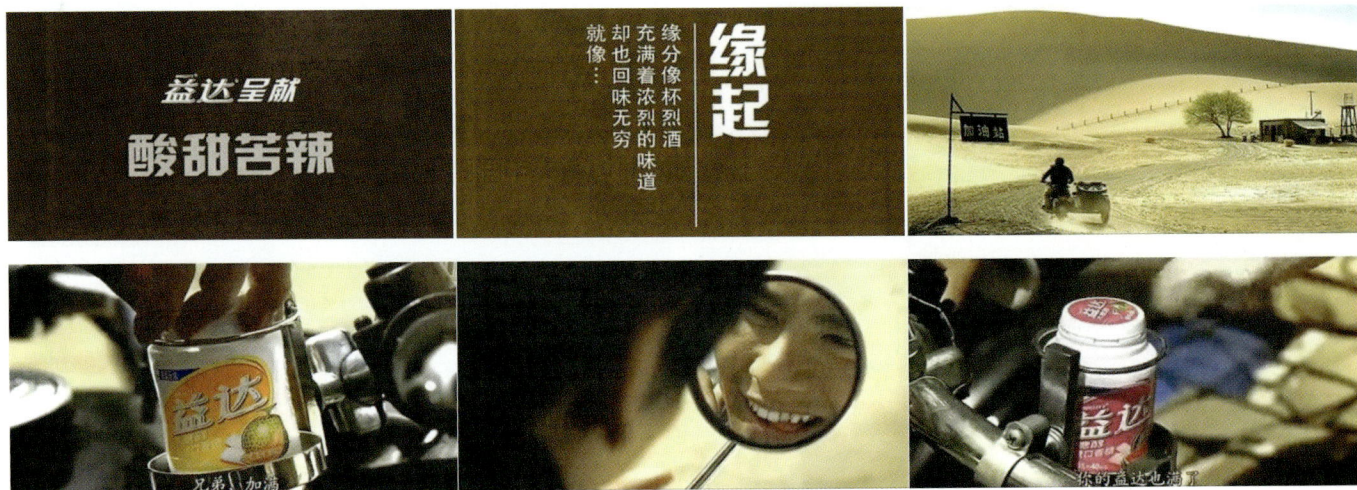

图2-40 益达口香糖广告

作品分析：图2-40所示的广告中首先出现广告主题"酸甜苦辣"四个白色大字，与暗色背景形成强烈对比，暗喻四个爱情小故事，且每个故事开头都用竖排的几列非衬线体文字引出故事，通过故事画面与文字的配合传达"在不同场合，益达口香糖都能很好清洁牙齿"的卖点。

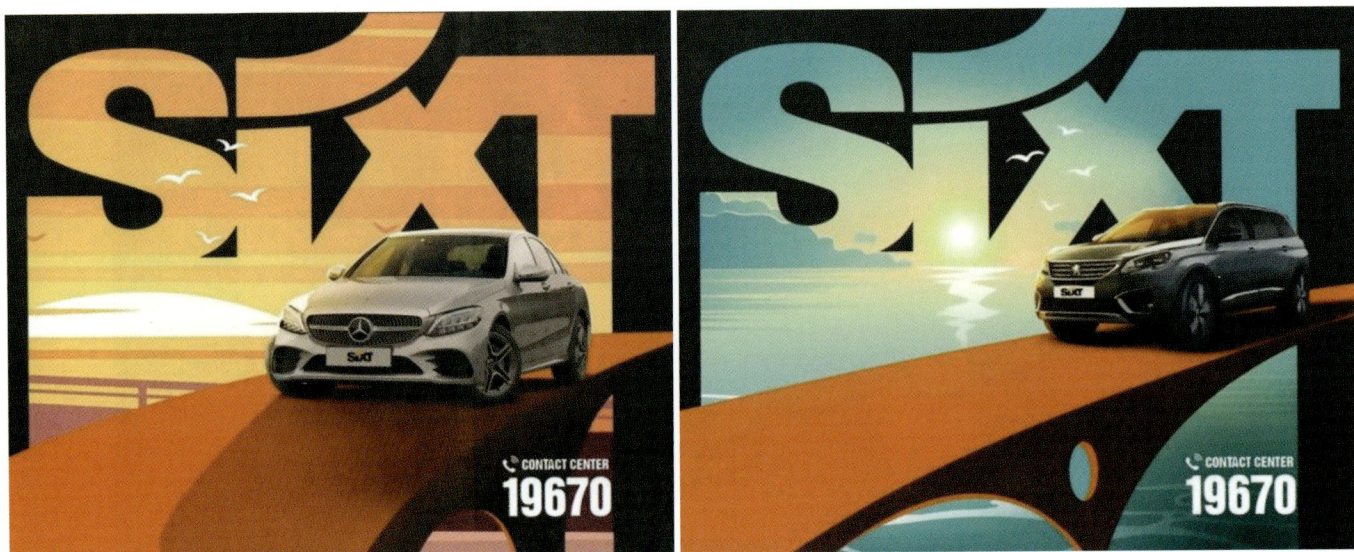

图2-41 奔驰汽车广告

作品分析：图2-41所示的广告中文字与图形巧妙结合，互为点缀，共同说明驾驶奔驰汽车带来的美好感受，阐明广告主题，使广告具有强烈的吸引力，令人过目难忘。

作品分析：图 2-42 所示的广告中，灵活多变的构图方式，图形一大一小的对比，与"FOR EVERY SIZE OF IMAGINATION"（适合各种大小的想象）广告语完美配合，共同传达 LEGO 可满足不同年龄阶段人群的需求的信息。

图 2-42　LEGO 广告

图 2-43　徕卡即时相机广告《记录经典》

作品分析：图 2-43 所示的广告中大号的广告文案放置在版面上方占据较大面积，图形缩小放在画面中央，二者大小鲜明对比形成喜剧效果，文字与图形共同传递广告作品信息：徕卡即时相机，随时记录经典，带来快乐！

项目3 创意利器

广告创意利器包括创意思维、创意方法、视觉意象及创意简报，是广告设计的核心知识点以及重难点，需要着重理解并熟练掌握。

项目目标

1. 价值塑造

（1）培养自主创新意识；

（2）培养大国工匠精神以及刻苦钻研精神。

2. 知识学习

（1）理解并掌握创意思维相关知识；

（2）理解并掌握创意方法相关知识；

（3）理解并掌握视觉意象相关知识；

（4）理解并掌握创意简报相关知识。

3. 能力培养

（1）具有掌握广告创意利器理论知识的能力；

（2）具有熟练利用广告创意思维进行独立广告创意的能力；

（3）具有设计广告创意简报的能力；

（4）具有创造美、传承中华优秀文化的能力。

任务一　利器 No.1：创意思维

创意思维是基于感知联想、想象及理解等能力，突破思维定式，并以求新、求异为目的的创造性心理活动，它的养成是艰辛的，需要经过长期不断的努力探索和刻苦钻研才能取得。创意思维包含了两个要点：

（1）以联想和想象为基调。任何创意都离不开联想和想象，广告设计依托于联想和想象展开各种创造性的活动。

作品分析： 图 2-44 所示的广告主题为"因为生活，产生皱纹"，设计师充分发挥联想和想象，认为男人们皱纹的产生是为了得到房子、车子等代表的更舒适的生活，因此需要妮维雅男士护肤霜来保养皮肤。

（2）以求新、求异为目的。创意来源于生活，是对现实生活全新的组合与改造，是为了最终获得与众不同的独特想法。

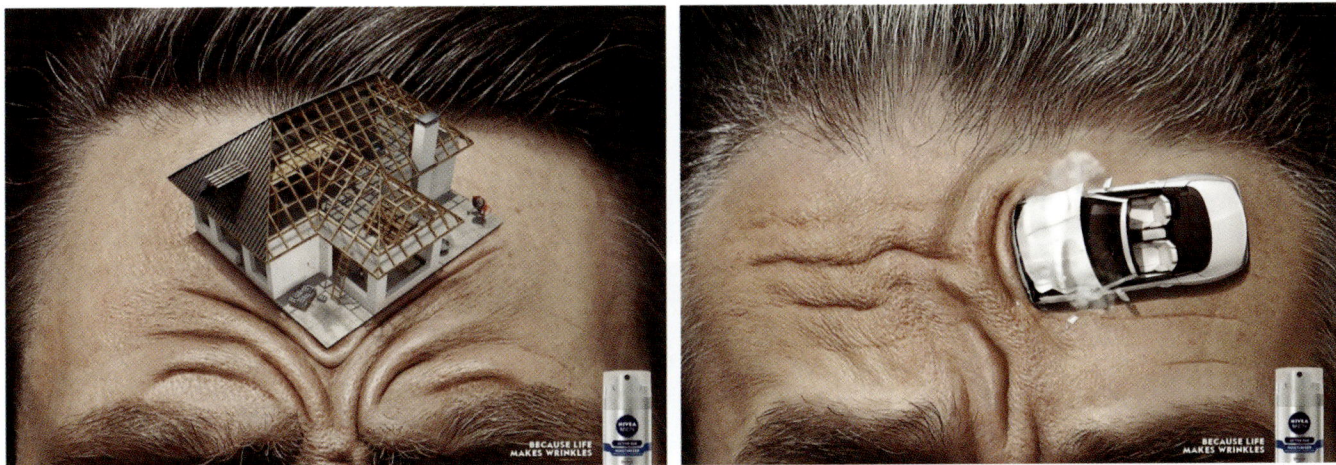

图 2-44　妮维雅男士护肤霜广告

图 2-45　麦肯广告公司招聘广告

作品分析：对于图 2-45 所示的广告，光看广告标题，我们就感到不可思议并产生疑惑："麦肯不要人"，这不是招聘广告吗？带着疑惑我们接着看到广告文案"麦肯不要人，专要'人妖'、'色魔'、'吝啬鬼'和'丑八怪'"。一组组特点鲜明且与人们认识差异性极大的人物形象跃然纸上，巧妙地反映了公司招聘的是具有特殊才能的人才。独特的创意、与众不同的画面视觉效果让人眼前一亮。

广告创意思维归纳为形象和抽象思维、横向和纵向思维、类比和逆向思维、发散和聚向思维。

1. 形象和抽象思维

（1）形象思维也称具象思维和感性思维，是以事物或观念的直观形象为思维元素进行创意思考的思维形式，通常与人的直观感受体验有直接的关联性。

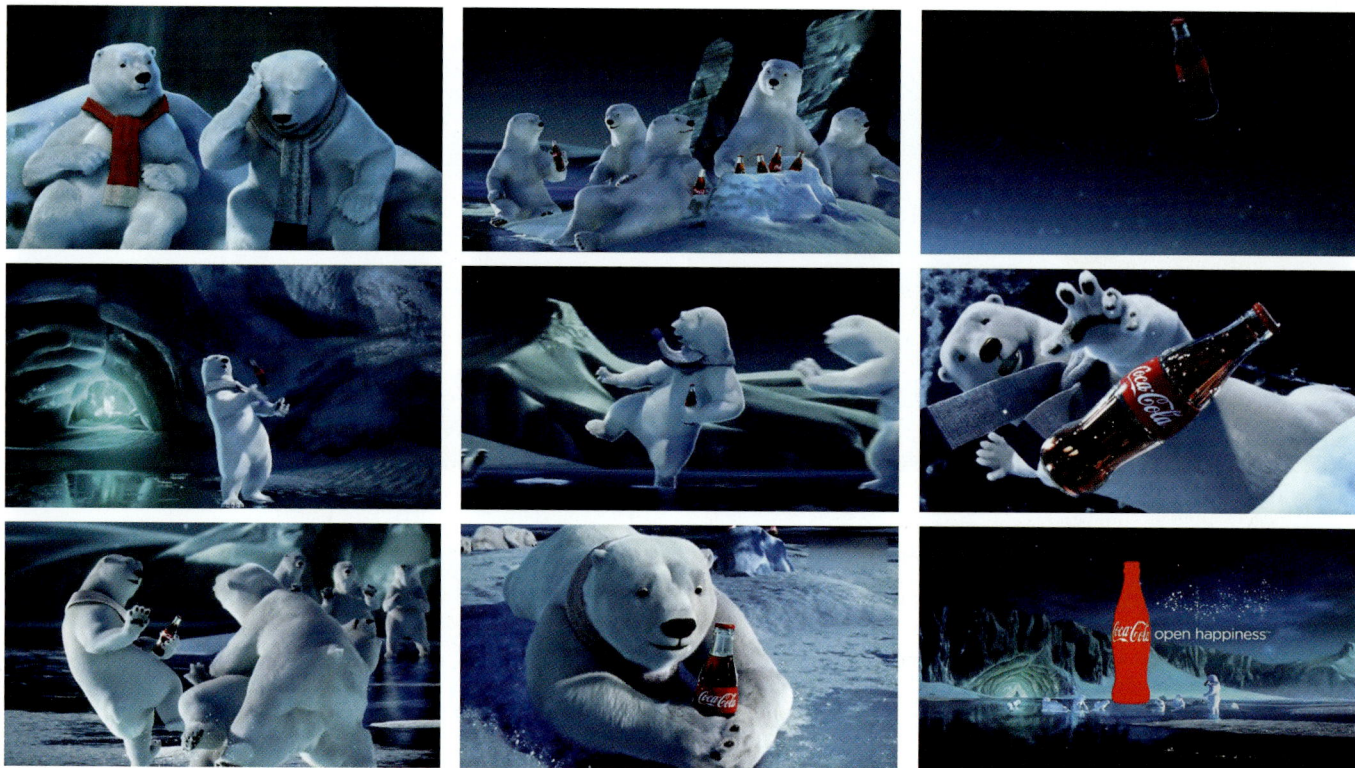

图 2-46　可口可乐广告 1

　　作品分析： 图 2-46 所示的广告主题是"open happiness"（开启快乐），整个广告运用形象思维着力营造快乐的气氛，北极熊为了接住同伴随手扔过来的一瓶可乐，产生了一系列幽默搞笑的冰面动作，拟人化到位的动作和精细的面部表情，传递出来的快乐感染了每一位受众。

图 2-47　可口可乐广告 2

　　作品分析： 图 2-47 所示的这组广告运用形象思维，用不同的方法构成具象的可乐瓶体图形，形象生动地传达了产品的相关信息。

（2）抽象思维也称逻辑思维，是基于逻辑推理对事物的本质进行提取，揭示事物的内部规律和联系的理性概括的思维活动。

图 2-48　《动脑》杂志广告《找到最真实的声音》

作品分析：在图 2-48 所示的该组广告中，张大嘴的"猴子"、"青蛙"和"麻雀"都是信息传达的载体，通过三种不起眼的动物提示思考："如果要获得其他人的尊重或注目，需要怎么做呢？"通过逻辑思维推断及图形的解读，受众最终明白：原来不需要华丽的外表，只需要找到内在最本质的、真实的声音，就能够拥有强大的力量吸引众人。

2. 横向和纵向思维

（1）横向思维也称水平思维，是建立在事物横向比较的基础上，从与众不同的切入点寻找到与广告宣传卖点的内在联系，创造可以激发想象的刺激点的思维类型。横向思维打破了抽象思维固定逻辑化程序，可达到"情理之中、意料之外"的视觉效果。

图 2-49　LG 微波炉广告

作品分析：LG 微波炉广告（见图 2-49）中，通过想象找到了拖鞋、轮胎、牛奶与鱼这些事物与微波炉之间内在的联系，并提出了解决问题的方法：微波炉加热的食物容易变干变硬，如果你不想牛奶喝起来是拖鞋味、鱼嚼起来像咬轮胎，那就赶紧使用 LG 微波炉吧，因为它能让食物保持原味。"保持原味"创意点的提出打破了人们头脑中的固化印象，通过形象化的图形（奶牛和拖鞋、鱼与轮胎同构重组成全新的图形）来表达创意点。

（2）纵向思维也称垂直思维，一般指沿一个线索按照特定顺序，如由小到大、由少到多、由低到高、从弱到强等，展开的由浅入深逐层推导的思考模式，这是一种符合事物发展规律和人们认知习惯的思维方式。

图 2-50　香菇调味剂广告

作品分析： 图 2-50 所示的广告主题为"让每一餐变得更精致、美味"，广告运用纵向思维，通过不同画面的层层递进，分别展示了妙手裁衣的裁缝、技艺精湛的美发师让各种事物变得井然有序、精致完美，从而表达调味剂"总能让食物精致并具有最美妙滋味"的卖点。

3. 类比和逆向思维

（1）类比思维是在比较的基础上，根据事物之间的相似关系类推的一种解决问题的思维方法。许多在本质上不同的事物，只要在外在方面或内在层面具有某种相似的特征，就可以用类比思维来进行二者的关联，并通过比较的方式让抽象概念通俗易懂。

图 2-51　百事可乐广告

作品分析： 图 2-51 所示的广告运用了类比思维：年轻人喜爱各种时尚运动，运动姿势与不同颜色的衣服所形成的图形与百事可乐标志如出一辙。产品标志展示巧妙、自然，且与年轻人的时尚运动相结合，传递了百事可乐的年轻群体定位以及时尚、充满活力的产品调性。

（2）逆向思维指突破惯用思维定式，创新地从事物的反面去思考问题，"反其道而行之"，找准事物的对立面，并以此为基点展开构思的一种思维方式。这种方法常常使问题获得创造性的解决，并带给人们创意的惊喜。

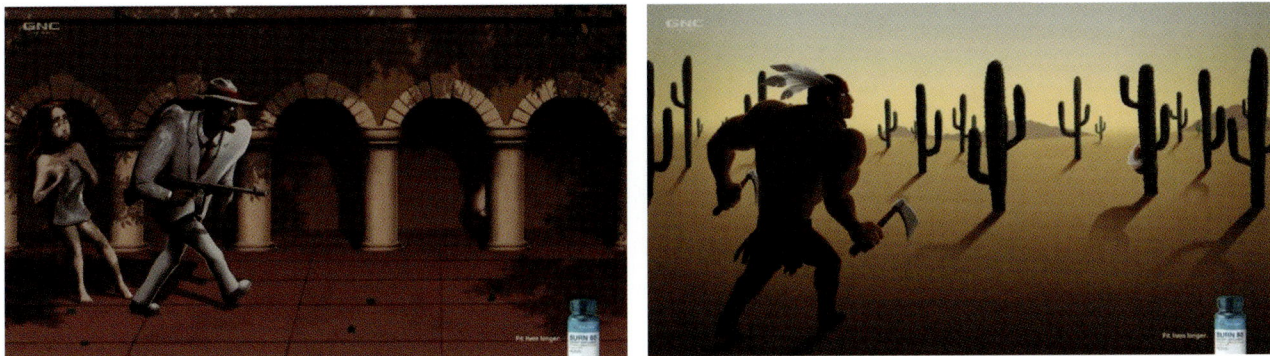

图 2-52　GNC 的减肥药广告

作品分析： GNC 的减肥药广告（见图 2-52）并没有像其他减肥药广告一样，用惯用思维直白表明减肥药瘦身减肥的强烈功效，而是从逆向的角度，展示没有减肥的严重后果：由于无法掩盖的大大肚腩，肥胖者面临绑匪、原始人攻击的危机。画面右下角"只有瘦子才能活得更久"的广告语直达广告主题。理念虽然有些极端，但是该广告具有幽默、喜感的画面，通过逆向思维方式很好地传达减肥药对于肥胖者的重要性。

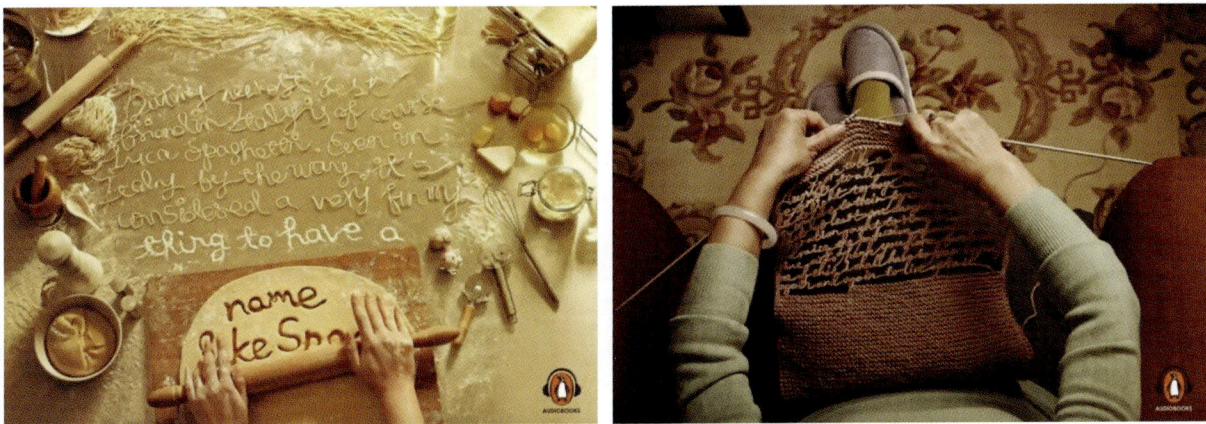

图 2-53　企鹅有声读物广告

作品分析： 图 2-53 所示的广告采用逆向思维的方法进行创意，并没有直白展示企鹅有声读物的好处，而是从逆向的角度出发，提出：当人们无法腾出手来翻阅书籍的时候，想看书怎么办呢？就让企鹅有声读物来拯救你吧。广告将人们双手忙碌无法阅读但仍然可以尽情享受阅读乐趣的不同场景呈现在观者眼前。从生活中获得灵感来源，并用大家熟悉的场景营造亲近感，加之精准定位受众使用场合和习惯，使整个广告充满诱惑力。

4. 发散和聚向思维

（1）发散思维又称为辐射思维、放射思维、求异思维，是创造性思维最主要的形式，是从一个已知目标出发，向不同角度、不同方向呈放射状思考，并结合天马行空的联想和想象，以探求多种答案的思维方式。这种思维的主要特点是求异和创新，是一种更加不受束缚的思维方式，思维过程中需放得开、散得广，并尽可能地想出更多的创意点子和方法。

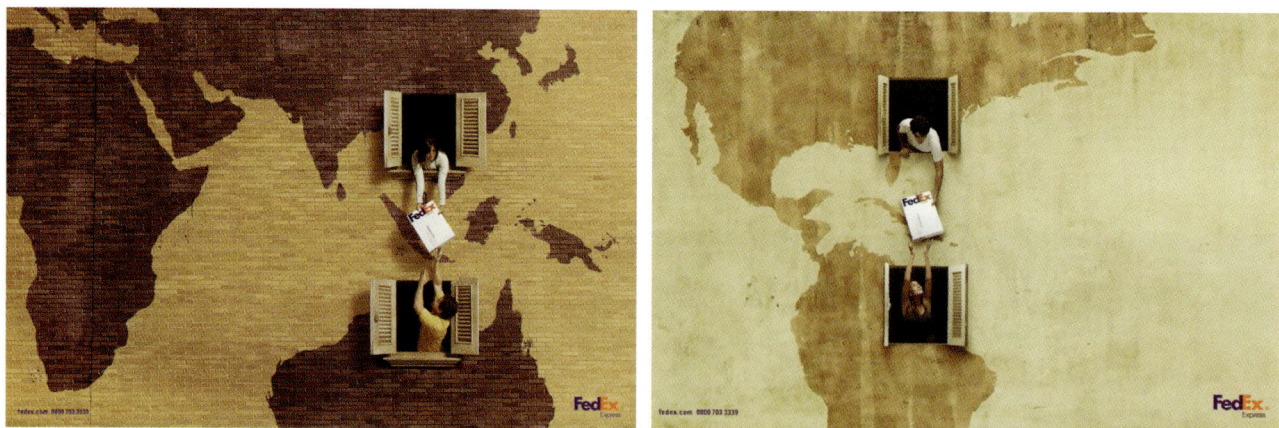

图 2-54　联邦快递广告

作品分析：图 2-54 所示广告的设计师们围绕快递"精准、快速"的特点，运用发散思维展开联想和想象，将墙体颜色关联不同地区地图，楼上楼下定点传送犹如快递的精准投递，通过发散思维广告使主题呼之欲出，独特的创意让作品具有强烈的视觉表现力。

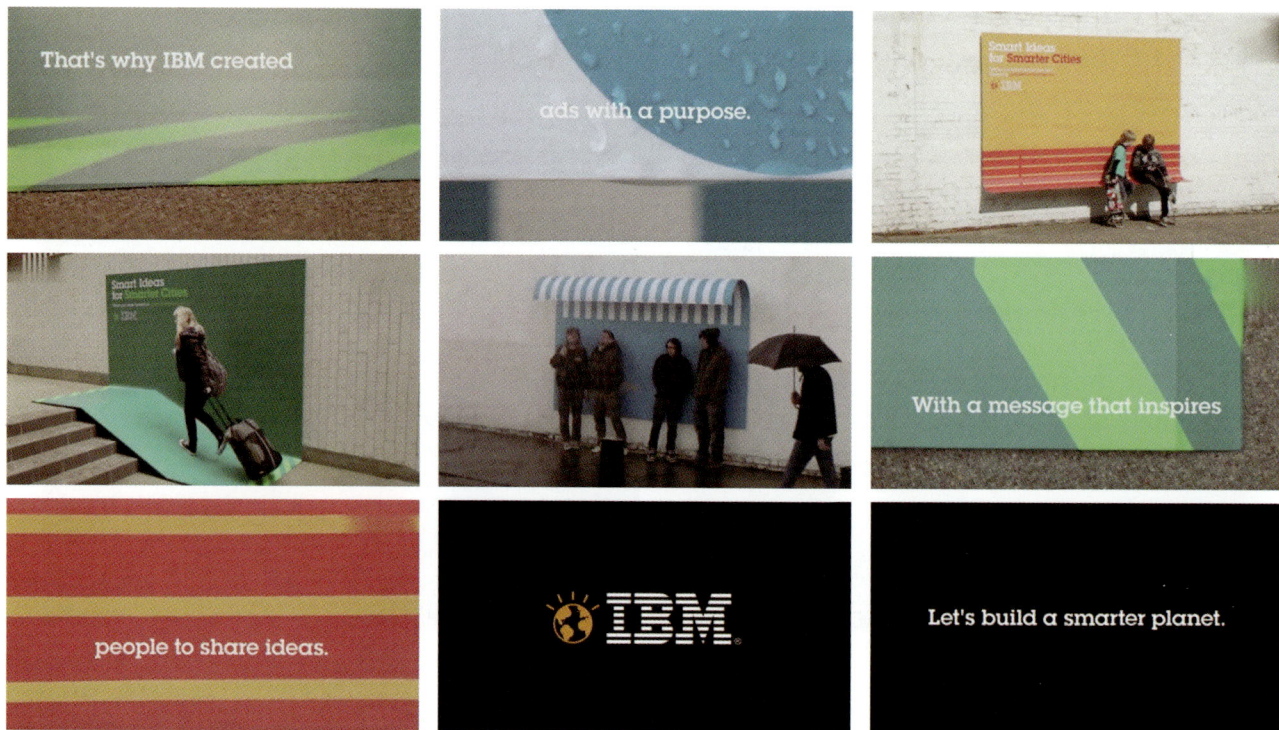

图 2-55　IBM 广告《That's smart》

作品分析：人们在城市中穿梭的时候，总会遇到走累了想休息、下雨想找避雨的地方的情况，IBM 面对此种情况，运用发散思维，充分发挥想象，设计出了一个非常有创意的广告方案：广告牌不再以传统的平面海报、灯箱、路牌等形式展示，而是变成了具有多种用途的实用性工具，如椅子、雨篷等，如图 2-55 所示。IBM 的广告创意在为人们提供便捷的同时也很好地传递了 IBM 不断创新的品牌个性。

（2）聚向思维又称为集中思维、复合思维等，是从已知的前提条件出发，采用多种方法和手段，从不同的方向、角度将思维聚集到一个中心点上，通过分析比较，寻找到一个最合理的解决方案。

图 2-56　BBC《德古拉》户外广告

作品分析： 图 2-56 所示的是 BBC 为吸血鬼题材的新剧《德古拉》正式上线造势而设计的光影艺术构成的户外创意广告牌，初看广告平淡无奇，画面中右边大红字体写着电视剧的名字，左边钉着长短不一、形态多样的木桩，像是随意插在广告牌上的刀子，"刀口"还伴有流出的红色涂料形成的"血迹"，人们此时或许会产生疑惑，不明白设计师运用木桩和涂料的意图，但是随着天色变暗，广告牌的奇妙之处就显现出来了：不同方向看似随意插着的木桩在灯光的照射下，在右侧聚集构成德古拉头像的阴影，并且随着夜色加深，变得越来越明显和清晰。广告奇妙的创意通过不同形式的立体载体、载体角度的设计等，最终聚集回归到逐渐显现的德古拉头像上，喻示在黑夜才会出现的吸血鬼主题，让人眼前一亮。

广告的创意思维是丰富多样的，在进行广告创意思维活动的过程中，大多数情况下并不能单独使用一种思维方式，而是要在我们日常生活的基础上，充分运用联想和想象，让多种思维方式共同发生作用来产生独特的想法。

任务二　利器 No.2：创意方法

（一）创意方法种类

1. 视觉类比

视觉类比是基于事物之间相似特征而做的比较。在两事物之间建立关联，用 A 来表达 B，以准确传达广告的意图，让主题更易于理解，从而获得有趣、生动的视觉效果。在此过程中，可运用文学中的联觉手法。利用联觉可以充分打通人们不同感官之间的壁垒，激发视觉、味觉、触觉、听觉和嗅觉等共同作用，启发受众去体会图形所创造的意境。

图 2-57　美的节能灯广告

作品分析： 宣传节能产品如果直白地告知节能的好处或者列举节能的具体数据，消费者将觉得枯燥并很难记忆，但如果用视觉类比的创意方法，图形形象生动，也更具有说服力。如图 2-57 所示，在画面中我们看到了设计师从逆向的角度出发，将不节能的灯泡类比为肥胖的人群，并通过展示过于肥胖导致的种种后果来生动形象地暗示更换节能灯的必要，"如此好吃懒做，赶快换掉吧"广告主题适时展示在消费者眼前，具有极强的说服力。

2. 比较

比较产品或服务的不同点会使广告很有说服力，通过展示之前之后的效果，从而产生奇效并使人难忘。这种创意方式与视觉类比的方式有一定的相同之处，但比较通常注重于前后效果的对比和展示。

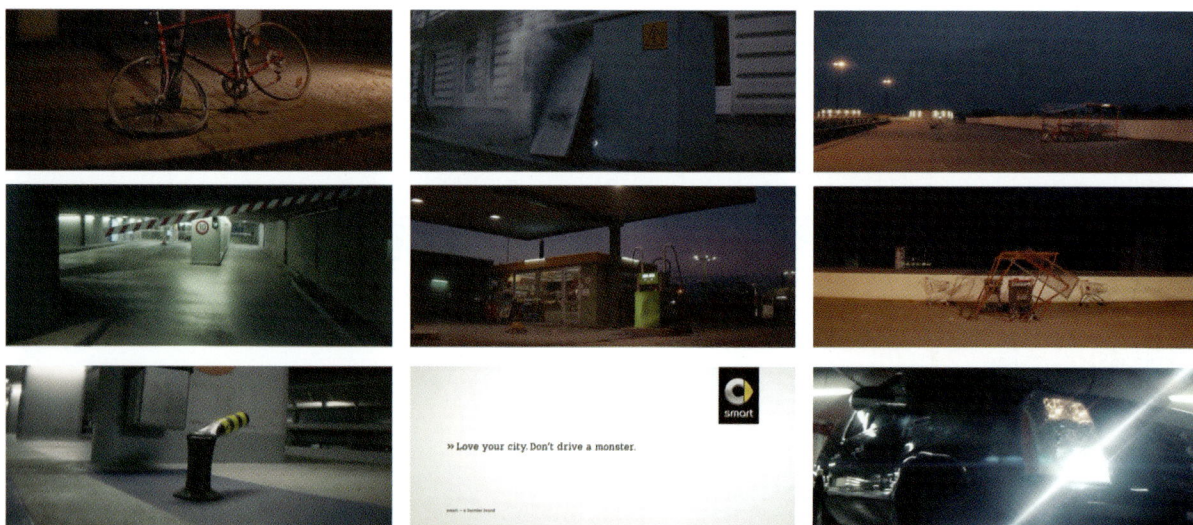

图 2-58　奔驰 Smart 广告

作品分析： 图 2-58 所示的广告首先展示的是城市中众多受到了不同程度损坏的设备设施，如路灯、墙壁、供电箱、停车场、加油站等，让人感到触目惊心，随后"热爱你们的城市，别再驾驶野兽"广告语直达广告主题，让人有种恍然大悟的感觉，原来这些设备都是由于驾车野

蛮而导致损坏的，Smart 的标志紧随其后出现在画面中，言外之意是，奔驰 Smart 由于车型小，操控灵活且环保，能够最大限度地减少对城市的伤害和污染，不像其他"野兽"汽车一样。比较创意方法的运用以及直观效果展示，将 Smart 的信息很好地传达给受众，让受众在印象深刻的画面中接受产品。

图 2-59　国外保健品广告

作品分析： 图 2-59 所示的广告中，两位老人的头部与置换后年轻人健硕的胸部，形成了强烈的视觉反差，通过比较，准确传达保健品强身健体的卖点，虽有夸大之嫌，但是看到这则广告，相信很多希望拥有健康体魄的老年人都会心动而购买的。

3. 生活经验

日常生活经验是创意的最佳源泉之一，没有什么能比表现人们日常的行为更具有人情味的了。创意可以源于最微不足道的事情，当你在广告中描绘有趣、难过、开心等生活中人们都有过的常规感受时，人们一定都会深有同感，进而拉近广告与受众距离，赢得受众内心情感的共鸣。

图 2-60　佳能相机广告

作品分析： 图 2-60 所示的广告准确定位年轻群体，描绘了我们生活中的照相体验。由于手机照相功能的强大，大多数年轻人现在都习惯于用手机来拍照，但是当我们选择一处优美环境，摆好姿势，准备留下美好瞬间时，不合时宜的来电却打扰了拍照的兴致。该组广告完美地描绘了这一场景，让年轻人感同身受，并将"佳能相机，随时随地不受干扰，留下美好瞬间"的产品信息快速、准确地传达给消费者。

4.反常视角

反常视角是指在广告设计中故意用不寻常的角度来观察事物或生活，是创意的绝佳起点。这一方法打破固有事物规则和模式，与人们日常性认知产生巨大差异，并以此来制造新鲜感和独特的视觉效果。

反常视角表现常用以下三种方法：

一是从不同角度观察事物。

二是换位观察事物。

三是透过不同的物体来观察事物。

关于从不同的角度观察事物，我们可以采取仰视、俯视、由里往外等非正常角度来观察；换位思考是从对方的角度来观察事物；透过不同的物体观察事物，则是尝试透过玻璃、水面、镜子等各种物体来观察事物。采用反常视角的目的就是制造差异、新鲜感和独特感。

图 2-61　奥林巴斯相机广告

作品分析： 在图 2-61 所示的这则广告中，设计师"脑洞大开"，展示了与我们日常生活完全不同的角度，相机拍摄的一张张不同动作的静态人物图片被放置在不同的场景中，图片中的人物却与周围环境形成了互动，人物从画里移步到画外场景中，又从画外移至画里，随着角度的变化与周围人们进行互动和交流，广告展示角度也随着人物的位置不同而产生即时的变化。反常的视角、巧妙的创意都带给了人们独特和新鲜的视觉感受。

图 2-62　奥林巴斯相机广告《扭曲的世界》

作品分析： 图 2-62 所示的广告从仰视角度拍摄物体，与众不同的角度呈现了与日常生活完全不同的世界。

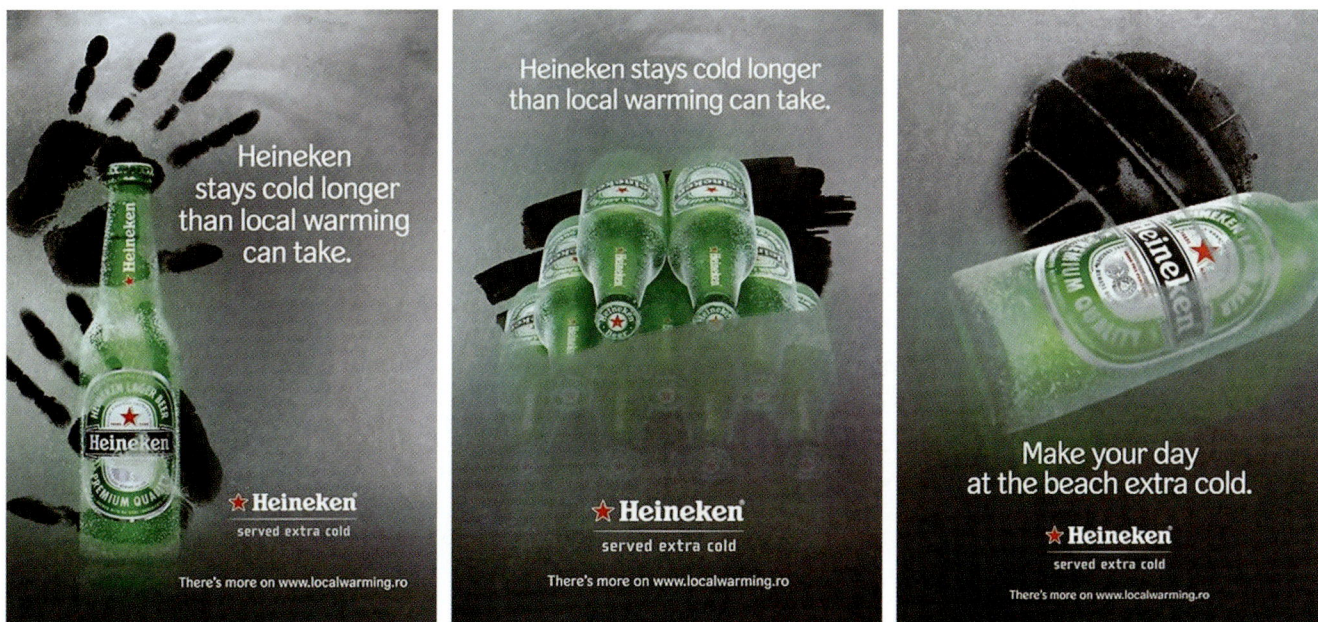

图 2-63　喜力啤酒广告

作品分析： 图 2-63 所示的广告画面中，透过结满冰霜的玻璃来表现产品，创造了与众不同的画面视觉效果，同时又更准确地传达了喜力啤酒耐冷藏的卖点。

5. 可信理由

在广告作品中，给消费者一个合乎情理且值得相信的理由，可引导消费者产生良好反应 ——"有道理，就冲这个理由我也应该购买这个产品"，为产品的利益点提供的可信理由，能把消费者变为产品忠实的拥护者。

作品分析： 图 2-64 所示的广告展示了一家三口聊天的温馨场景，男主人公模拟驾车的动作，他假装突然遭遇车祸，女儿、妻子都飞身冲上，用手环绕在男主人公的身上，犹如安全带一般牢牢将男主人公保护住，最后广告语"拥抱生命，请系好安全带"显出画面——这也是一个可信、不容辩驳的理由。

图 2-64　国外公益广告《请系好安全带》

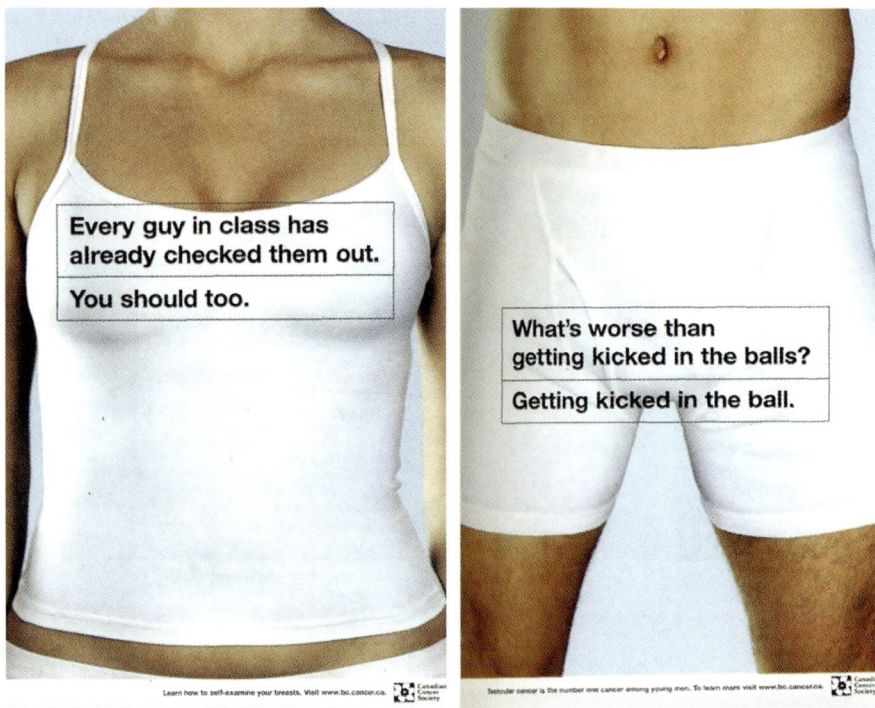

图 2-65　加拿大癌症协会的公益广告

作品分析：加拿大癌症协会的公益广告（见图 2-65）中展示的是人们容易得癌症的身体部位，黑色字体的文案主题"为了自己的身体健康，你应该体检"就是一个合乎情理且可以相信的理由，确定的广告语气为受众提供了真实的可信度。

6. 夸张

为了更好地表达广告设计主题，或者强化想体现的强烈思想情感，设计师有时候会通过故意夸张或者缩小客观事实的表现方法来展示事物的本质，并强化产品的特征，以此更好地吸引受众目光。

夸张的使用是为了更好地强调产品的卖点，表现产品非常棒或者很好用等，且夸张能够迅速直达广告主题，让受众快捷顺畅解读广告的主题及其所需要传达的信息。但要注意，夸张要把握合适的度，夸张不是盲目吹捧，更不同于虚假广告，适度恰当的夸张是智慧、幽默的表现。

图 2-66　泰国服饰品牌广告

作品分析： 在图 2-66 所示的广告作品中，设计师旨在创造夸张对比的图形来传递广告信息，画面中不论男女都穿着不合身的服饰，得体的衣物与其他有意夸张拉长的衣物在视觉上形成了强烈的对比和差异，很好地传递着产品"合身、得体"的卖点。

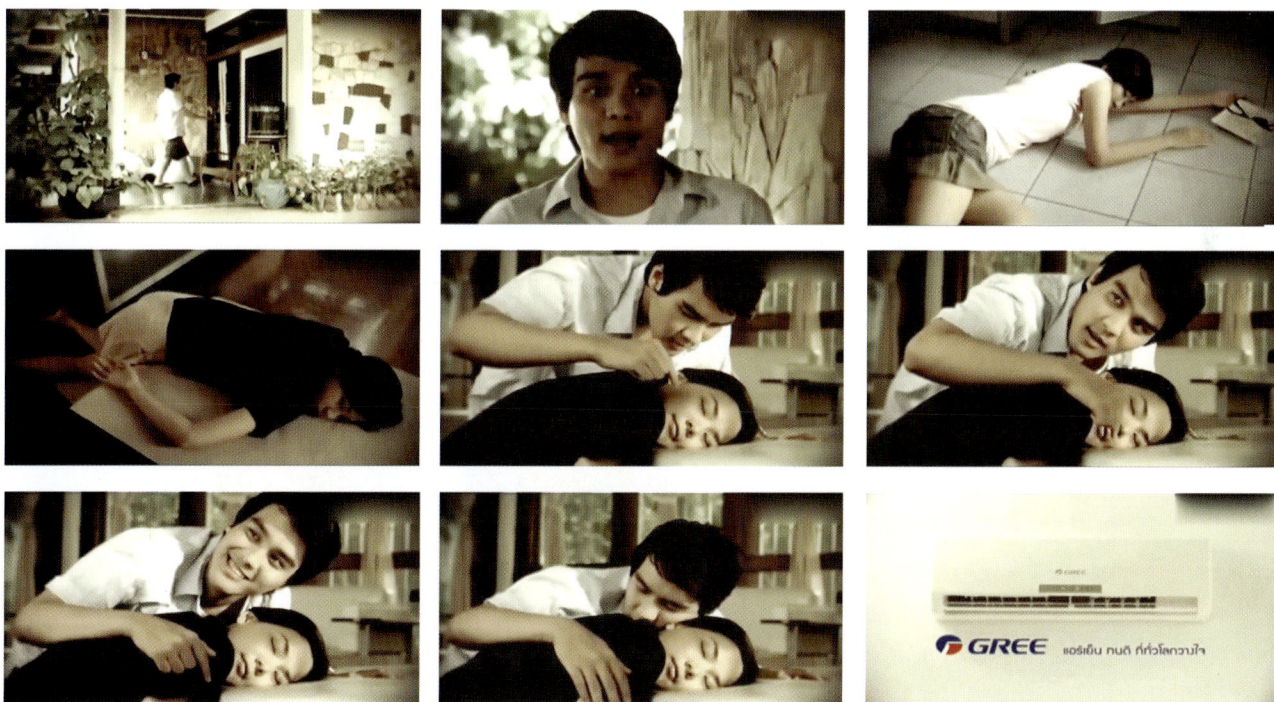

图 2-67　（泰）格力空调广告

作品分析： 如图 2-67 所示，广告在开始时营造了恐怖的氛围，炎热的夏天，男主人公一进门就看到房内到处都躺着人，吓得赶忙用手去试探有无气息，然后剧情反转，随着男主人公视线的引导，我们看到了墙上的空调，原来是因为空调开在合适的温度，人们太过于舒适而睡着了，最后男主人公也夸张地趴在桌子上立马陷入睡眠状态。广告先创造一种悬念，接着反转创造差异性，最后通过人物夸张动作形成戏剧性的视觉效果来强化空调的卖点。

（二）思维导图

思维导图，又叫心智导图、灵感触发图或思维地图，由英国著名心理学家东尼·博赞发明，是表达发散性思维的有效图形思维工具，可以帮助广告设计师打破束缚、突破常规地创造性思考问题。

思维导图是一种将思维形象化的方法，利用发散等多种思维方法，以特定主题为思考中心，向外发散出成千上万的关节点，每个关节点与中心主题联结，而每一个关节点又成为另一个中心主题，再向外发散出无数的关节点，并呈现出放射状的立体结构。

广告思维导图要点：

（1）明确中心：以产品卖点为中心，在立足市场、洞察受众心理及竞争产品的前提下，对卖点进行深入分析，并用各种方法激发灵感。

（2）树状发散：产品卖点置于画面中央，以此为原点出发，朝四周不同角度呈树状发散，每个节点既联结中心原点，又成为另一个中心。

（3）记录节点：沿不同角度、不同线路挖掘元素，记录创意节点。创意节点越多越好。

（4）形成方案：提取创意节点，形成创意雏形，深入分析和推演，继而形成创意方案。

下面以全国大学生广告艺术大赛企业命题为例，深入讲解思维导图的训练。

广告案例：爱华仕箱包

爱华仕箱包思维导图如图 2-68 所示，"时尚"作为中心原点，放在画面的中心位置，以此为中心朝四周做不同方向和角度的发散联想和想象（可以充分利用各种思维方法，如直觉思维、类比思维、逆向思维、发散思维以及聚向思维等展开联想和想象），以创造尽可能多的创意节点，又以这些节点再次进行发散创意，形成了错综复杂但又环环相扣、犹如枝繁叶茂的大树、节点数量众多的思维树状导图。思维导图训练结束后，通过分析和逻辑推理，最终选择恰当的创意节点形成方案，进行深入的思考和创作。

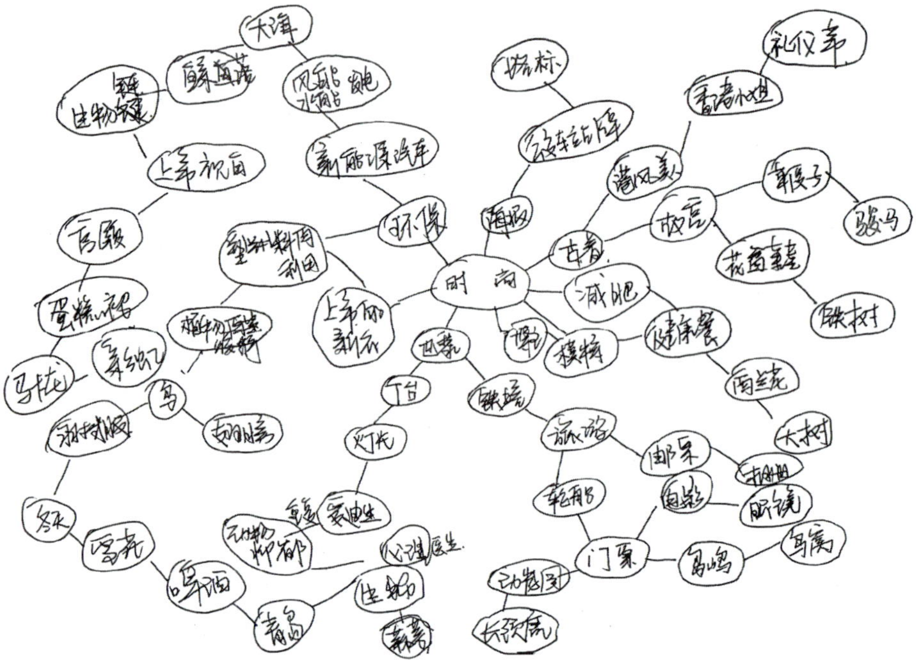

图 2-68 爱华仕箱包思维导图

广告案例：一叶子熬夜精华

一叶子思维导图（见图2-69）以"自然"为创意原点展开思维训练，形成创意思维导图。在创意过程中可以做多角度的发散思考，抽象、具象、场景、物品、人物等都是可以联想的，可天马行空、自由畅想而不受任何的束缚。

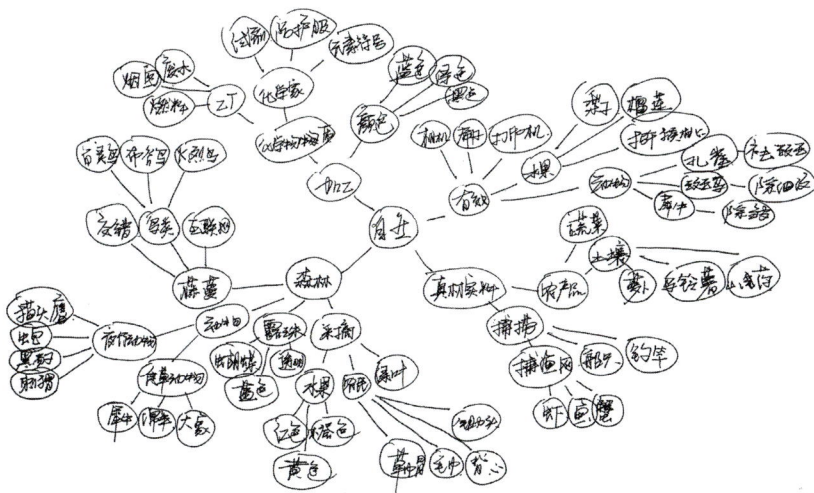

图2-69　一叶子思维导图

广告思维导图的操作流程：

首先，深入解读命题单，对产品的调性、产品卖点、产品亮点以及产品受众等进行深入的分析，一定要对自己产品、竞品及受众有清晰的认知。在分析命题单的基础上，提取产品的卖点，产品的卖点即是我们思维导图的创意中心原点。

其次，以产品卖点为中心，进行创意思维导图的设计，在此过程中，尽可能多地联想创意节点，节点的联想不受任何束缚，可天马行空、自由畅想。

最后，分析梳理思维导图，并选择具备创意可行性的创意节点，形成创意设计元素，最终形成广告的创意方案。此方案不仅创意独特，由于是以产品卖点为思维导图中心做发散想象的，因此也能够很好地传递产品卖点相关信息，吸引受众。

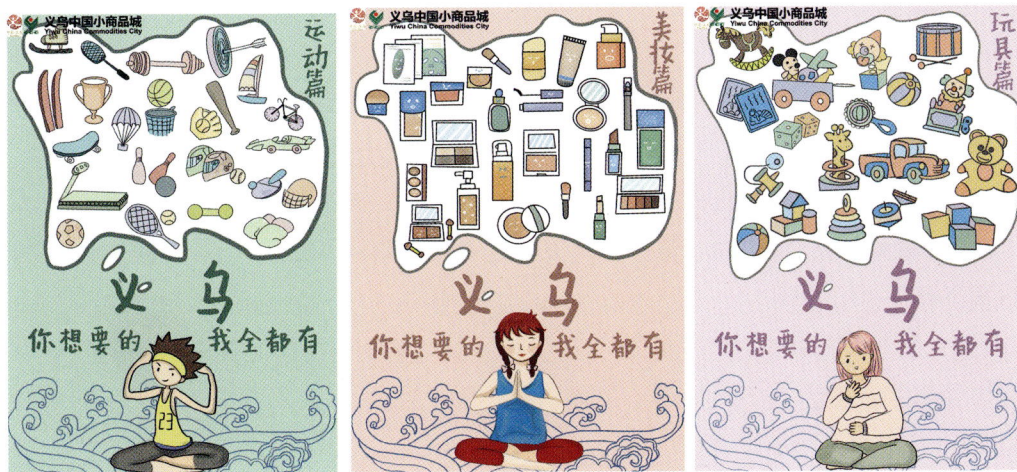

图2-70　义乌中国小商品城广告

作品分析：图2-70所示的广告要传达义乌中国小商品城的特点是"东西种类多，什么都能够买到"。因此，思维导图就是以"多"为创意原点进行多角度发散的，最终选择运动、美妆以及玩具三大类为设计方案，准确传递设计主题。

图2-71　爱喜猫购物平台广告

作品分析：图2-71所示的广告要传递的设计信息是：使用爱喜猫购物平台很便捷，方便购买到全世界各地的商品。设计者围绕此卖点展开思维导图的创想，最终选择了富士山、金字塔、自由女神像等世界各地的代表性景点，与直通景点的购物通道同构形成全新的图形，来传达"世界好物，一键到达"的广告主题。

（三）头脑风暴

头脑风暴法（brain storming）是一种集体创意的方法，是指围绕某一主题打破常规积极思考、畅所欲言的思维方法，其目的是通过找到新的"异想天开"的方案来解决问题。头脑风暴法是由天联广告公司创始人阿历克斯·奥斯本于1939年首次提出，并于1953年正式成型的积极性、激发性的创意思维方法。

"头脑风暴"的概念最早源于医学，原指精神病患者头脑中短时间出现的思维混乱，这种混乱会使患者产生大量胡乱想法。创造学借用这个概念来比喻思维高度活跃、打破常规，以产生大量创造性的新观念或者新设想。创意团队所有成员在创意氛围的激荡下，针对特定的创意主题进行自由联想与自由表达。个人的自由联想和表达，将引发他人的自由联想和表达；反过来，他人基于某人意念而展开的想象，又补充、激发、拓宽出其他更多的思路和想象。通过这种交互作用，整个创意团队将增加创意数量和提高创意质量。

作品分析：爱华仕箱包是年轻人的时尚装备，装酷也是时尚，因此，在图2-72所示的广告中，创作者从俯视角度来展示足球、跳水、滑雪等运动，换个角度来传达爱华仕箱包"装得下，世界就是你的"广告设计主题。

头脑风暴激发创新思维的原因：

（1）联想反应：联想和想象是创意的前提，在头脑风暴创意的过程中，每一个新的创意点，都能引发他人的联想，并产生更多的新想法。

（2）热情感染：在自由畅想的环境下，设计师的各种想法和观点能相互作用、相互影响并激发他人的热情，突破固有观念的束缚，最大限度地发挥创造性思维优势。

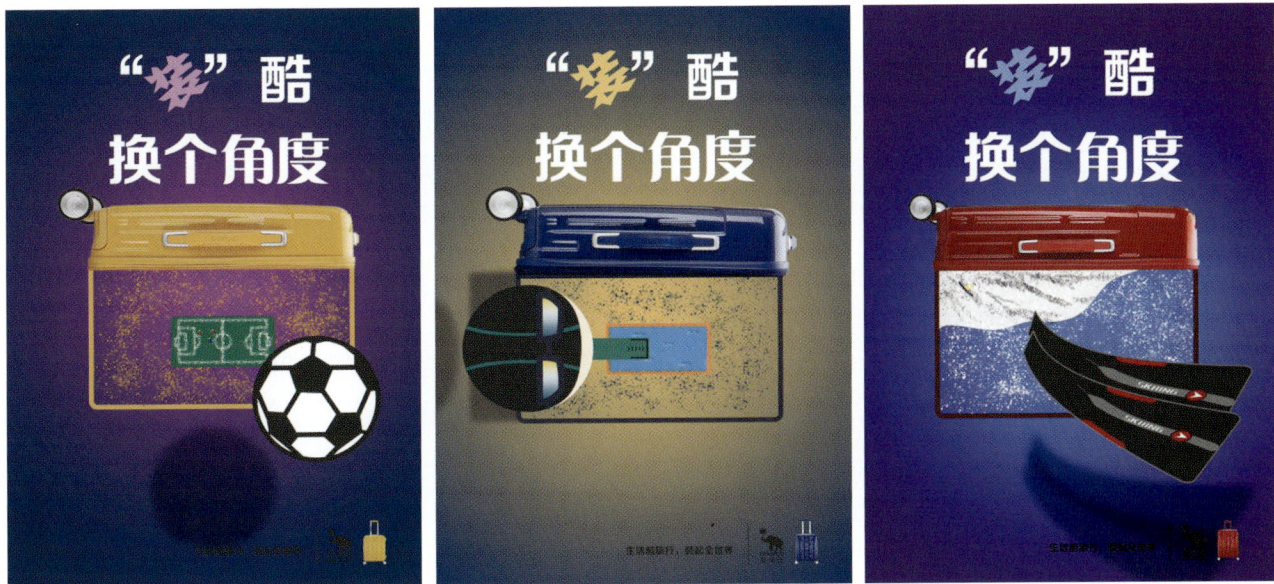

图 2-72　爱华仕箱包广告

（3）竞争意识：在讨论交流过程中，人们竞相发言，力求创造独特新观念。

（4）个人欲望：在集体讨论解决问题过程中，个人的欲望自由表达，不受任何干扰和控制，是非常重要的。这能使每个人畅所欲言，提出大量新观点。

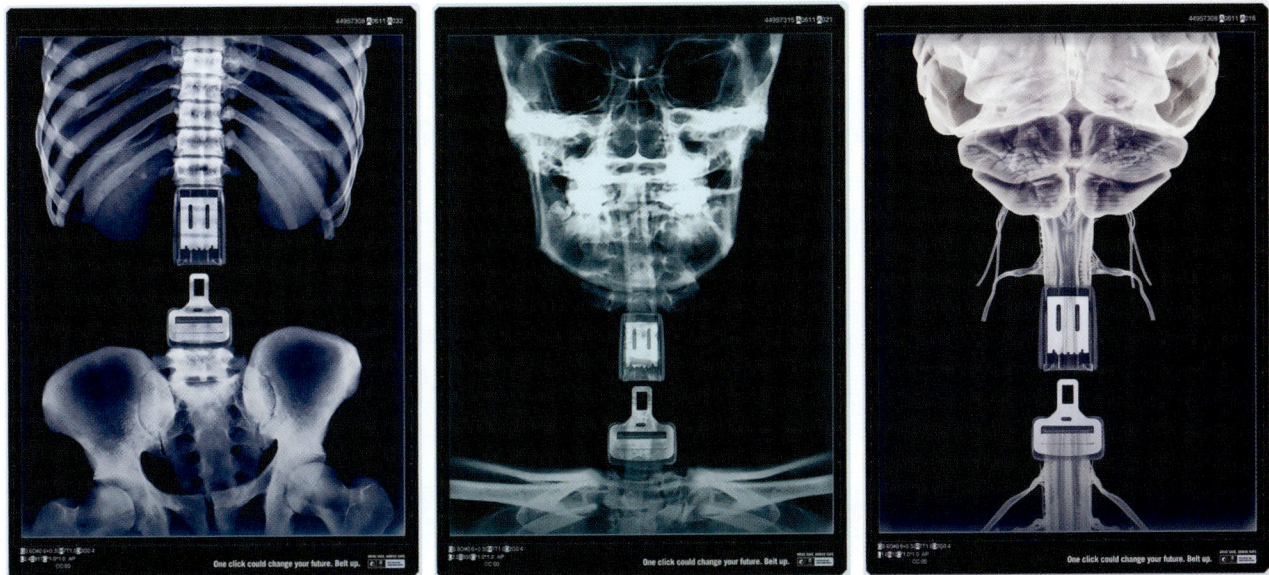

图 2-73　澳大利亚道路安全协会宣传交通安全公益广告

作品分析：图 2-73 所示的广告通过丰富的联想和想象，运用与众不同的 X 光片的形式，将人的脊柱、颈椎等与断开的安全带同构形成生动形象的图形，加上"你的未来或许因此改变，请系安全带"的广告语，将广告所要宣传的主题完美表达出来。

在进行头脑风暴的过程中，需要遵循以下原则：

（1）自由畅想：鼓励一切想法，不管是逻辑性的还是非逻辑性的。头脑风暴不受任何条框的限制，要放松思想，让思想自由驰骋，从不同角度、不同层次、不同方位大胆展开想象，尽可能标新立异、与众不同，提出独创性的想法。

（2）禁止批评：在头脑风暴开始阶段绝对禁止批评是头脑风暴法应遵循的重要原则，因为批评对创造性思维会产生抑制作用。"这个想法根本行不通""简直是异想天开""别人早就想过了"等极容易伤害设计者思维的积极性。另外，发言人的自我批评也在禁止之列。也禁止表扬。须坚持当场不对任何设想进行评价的原则——既不能肯定也不能否定某个设想，不能对某个设想发表评论性的意见。这样做一是为了防止约束大家的积极思维，以免破坏自由畅想的氛围，二是为了集中精力先开发新的创意点，以避免影响创造性设想的大量产生。

（3）以量取胜：头脑风暴的目标是获得尽可能多的设想，追求数量是它的首要任务。每位进行头脑风暴的人都要抓紧时间多思考、多提设想，至于设想的质量问题，可以以后解决。另外，设想的质量和数量密切相关，产生的设想越多，其中的创造性设想可能就会越多。

（4）相互聆听：每一位团队成员都要注意聆听或思考他人的想法，因为思维是相互作用、共同发生的，说不定在聆听别人创意点的同时会激发自己新的创意和观点。

任务三　利器 No.3：视觉意象

广告创意通常是为产品的卖点而服务的，设计者需要通过设计特定的广告主题来更好地展示产品的卖点，因此往往需要通过具象的视觉画面来创造恰当的视觉意象，进而表达抽象的主题。

好的视觉意象的创意能关联产品品牌与消费者，原创、有视觉冲击力的视觉意象还能精准快速地传达广告相关信息，进而引导消费者消费。如空调的卖点是安静，在做广告时，就需要为"安静"这一抽象的概念建立一个具体可感的视觉意象，换句话说，就是通过具体图形或画面来表达安静的抽象概念，让安静"看得见"。我们可以运用头脑风暴发散思维联想到无数的点子，如寂静的夜空、幽静的深林、空旷的雪山、熟睡的婴儿、城市一角静静的咖啡厅，等等。

对于由空调"安静"卖点联想到的点子，设计师经过深入的梳理和思考后发现：其中一些是以前用过的，或对消费者已经不再具有吸引力，有一些点子继续创意的可行性较小。因此，设计师就必须要去寻找一个他人尚未使用的，或者以前使用过但是可运用全新的设计表现方法来创造的一个原创性的独特视觉意象来吸引消费者，也可以运用逆向的创意思维方法，从相反的角度，并用对比的方式找寻到一个能反衬安静概念的视觉意象，如喧闹的场景，从而精准地将空调"安静"的卖点传递给消费者。

图 2-74　LG 空调广告

作品分析： 图 2-74 所示的这组广告就是要表达空调的"安静"卖点。设计师采用逆向思维方法，从相反的角度来反衬空调的安静。在屋内熨衣服的妈妈以及躺在床上准备睡觉的爸爸，被隔壁调皮捣蛋的小婴儿、深夜才回的儿子发出的各种声音和动作打扰，一切声音都能"看"见，画面中用五线谱的形式将不同的人物发出的声音以被婴儿、儿子的头像和动作置换的夸张"音符"展示出来，增加了作品的喜剧效果，让喧闹充满整个画面并直达消费者耳朵，很好地反衬了 LG 空调运行安静的卖点。

图 2-75　空调广告

作品分析： 图 2-75 所示的广告营造了极度寂静的氛围：空调屋内，男女主人公在安静地看书或织毛衣，男主人公翻书的声音突兀地响起，女主人公的视线转移到男主人公处，开着的空调也出现在画面中，随之广告语出现，进一步强调产品安静的卖点。

视觉意象包括相互作用的三部分内容，即客观可视的部分、想象虚拟的部分和表达构绘的部分。

（1）客观可视的部分就是广告作品中的具体可感的视觉图形，是传达设计主题、表达观念、抽象事物和行动隐语的载体，彰显着企业或品牌的意图。

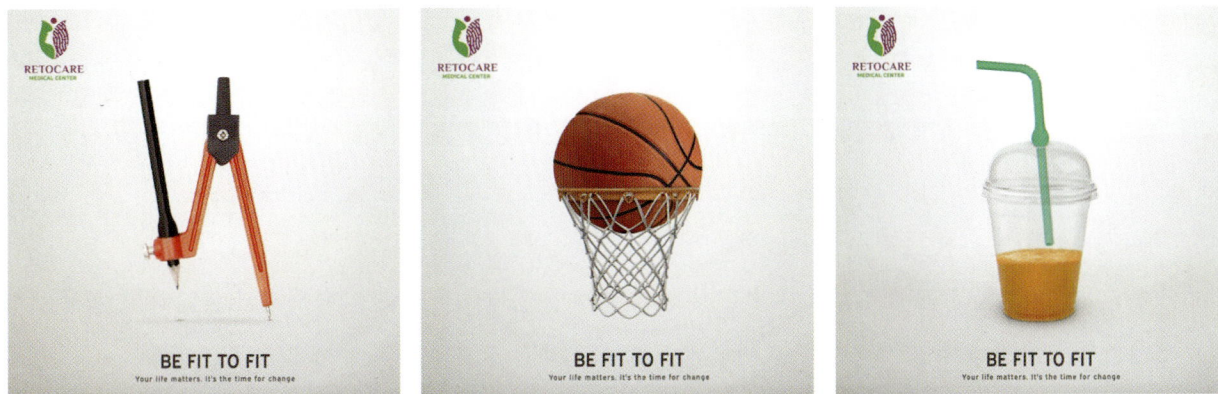

图 2-76　医药中心减肥广告

作品分析：图 2-76 所示的广告要传达的信息是"过于肥胖会带来很多的不便"，这就需要找到恰当的视觉图形来表现各种不方便。于是，设计师从日常生活中提取素材（圆规、篮球、吸管就成为作品中客观可视的部分），并通过创意，形成无法使用的圆规、无法穿过篮筐的篮球以及无法使人喝到饮料的吸管，各种不合理现象都表现了肥胖导致的种种不便、尴尬。由于设计创意来源于日常生活，直观的图形可进一步拉近与消费者之间的距离，顺利传达设计主题。

（2）想象虚拟的部分，也就是意象产生的过程。具体可感的视觉形象，在消费者主体发挥主观能动性进行解读时，逐步由视觉物象转变为视觉意象，也就是视觉图形所包含的深层次内涵。此时，视觉图形具有典型的直觉化和情绪化特征，从而使作品更有利于唤醒消费者情感，产生共鸣。

图 2-77 可口可乐广告《Taste the feeling》

作品分析：感觉是只可意会不可言传的，但是图 2-77 所示的这组广告，将感觉运用可视的具象图形完美呈现在人们面前。在可乐标志性大杯、暗红色透光背景下，有许多不停往外冒的气泡，看似平淡无奇，仅仅是可乐的特写镜头而已，但是我们再仔细观看时，却发现这并不是可乐气泡，而是聚集在一起的热闹的人群。大型热闹的现场营造的氛围与可乐气泡联系起来，加上画面中迷你文案"品尝这种感觉"，如此巧妙的设计带给人们更多的遐想空间。

（3）表达构绘的部分，是指突破语言束缚，运用最恰当的艺术表现形式，将视觉图形呈现在人们面前，帮助人们更好地理解视觉图形以及保证设计信息传递的流畅性。设计师需要充分利用各种广告艺术表现手段，让表达构绘的内容，以更具有艺术感和设计感的整体面貌呈现在人们面前。

作品分析：图 2-78 所示的该组广告以中国传统二十四节气为设计主题，有创意地将海澜之家的织物与微雕人物、动物组合，产生具有浓郁文艺气息的艺术画面来完美展示产品，并带给人们美的享受。

图 2-78　海澜之家广告

任务四　利器 No.4：创意简报

创意简报又叫 brief，是广告公司根据客户的要求撰写的创意索引，包含了以品牌理解、目标客户、广告目标、广告内容及广告策略为目标的一系列问题和回答。解答这些问题的依据是事先调研好的产品、消费者、竞争对手及市场的信息等。创意简报通常都是由客户和广告公司协商共同完成的。从根本上说，创意简报是客户和广告公司一致同意的、交给创意团队作为策略依据的计划书。

创意简报的主要内容有：①广告策略，包括明确传达给消费者的利益承诺、产品的 USP 以及所宣传的品牌个性。②消费者洞察，深度观察产品具体消费者群体特征，包括对消费者的行为、习惯、态度、心理、信念、价值等多方面的调研，深入了解消费者对产品的态度以及期望值，并依据消费者的具体情况来进行有针对性的创意设计，做到有的放矢。③广告任务，即广告创意方针，明确描述广告创作人员需要完成的任务、广告的目的以及广告播出的媒体形式等。创意简报是广告设计工作的指南，为后面广告的创意和表现指明了方向，并让我们的设计思路更加清晰和明确。

广告案例：美国理查德集团"小鸡费尔"创意简报

（1）问：为什么要做广告？

答：让"小鸡费尔"的鸡肉三明治以最佳快餐三明治的形象出现，并让人们意识到自己是喜欢吃的。

（2）问：我们在对谁说话？

答：18 ~ 49 岁、很少或者不吃"小鸡费尔"的成年人，主要是女性，包括大学生和白领；让他们觉得吃鸡肉是健康的生活方式之一，认为高质量的食品对自己更好，并愿意为此花钱。

（3）问：他们（消费者）现在怎么想？

答："我只在商场里才会想到'小鸡费尔'，它也许还不错，但我很久没吃了。"

（4）问：我们要让他们怎么想呢？

答："我更想吃鸡肉三明治，而不是汉堡包，'小鸡费尔'是最好的选择。"

（5）问：我们可以传达的最有说服力的概念（即产品利益点）是什么呢？

答：其他三明治都不如"小鸡费尔"健康、购买快捷。"小鸡费尔"购买简单方便，有益健康。

（6）问：广告创意方针也即广告的实施方案是什么？

答：14 米 ×48 米的户外单立柱广告牌，如图 2-79 所示。

图 2-79　"小鸡费尔"单立柱广告牌

项目4　表现利器

项目描述

　　广告表现利器包括以人动人、以情动人、以法动人、以事动人、以景动人以及以物动人，是广告设计的核心知识点以及重难点，需着重理解并熟练掌握。

项目目标

1. 价值塑造

（1）培养自主创新意识；

（2）培养大国工匠精神以及刻苦钻研精神；

（3）培养传承中华优秀传统文化精神。

2. 知识学习

（1）理解并掌握以人动人相关知识；

（2）理解并掌握以情动人相关知识；

（3）理解并掌握以法动人相关知识；

（4）理解并掌握以事动人相关知识；

（5）理解并掌握以景动人相关知识；

（6）理解并掌握以物动人相关知识。

3. 能力培养

（1）具有掌握广告表现利器理论知识的能力；

（2）具有熟练利用广告表现利器进行独立广告表现设计的能力；

（3）具有创造美、传承中华优秀文化的能力。

任务一　利器 No. 1：以人动人

以人动人即在广告中运用人这一形象，经过艺术的加工和处理，以创意的设计塑造全新的人的形象，通过人物的动作、神情甚至经历等来表达设计作品主题，并传递广告相关信息，从而实现广告目的。

人物广告可以归纳为名人代言广告和普通人代言广告。

（一）名人代言广告

名人代言是指以社会名人、明星等作为品牌代言人来推介产品，借用名人的知名度达到快速提升产品知名度的目的。名人代言对品牌有利有弊。益处表现在：

（1）可以利用名人较高的知名度快速提高产品注意度；

（2）借助名人的知名度优势提高产品的档次；

（3）有力促进产品的销售。

名人代言弊端：

（1）因名人具有较高的夺目率，容易喧宾夺主，让消费者记住名人而非产品；

（2）如果名人陷入个人问题风波中，个人公共形象受损，其所代言的产品也会受到牵连。

广告案例：耐克

耐克定位是"年轻人的体育品牌"，长久以来，该品牌签约了大批体育明星，建立了体育明星与品牌之间的稳固关系，在众多体育巨星的强大影响力及号召力的带动下，耐克快速地建立了自己的品牌优势，并迅速受到了年轻人的欢迎和喜爱，成为全球著名的体育运动品牌。现在，耐克已经不再仅仅代表运动鞋，而是成为"just do it"（想到就做、自由洒脱）的运动员精神代表，成为青年文化的组成部分，这些都得益于与品牌定位密切关联的明星推广策略。

作品分析： 图2-80所示的广告用与众不同的画面表现展示知名足球运动员足球技能，能极大地吸引年轻群体。

作品分析： 图2-81所示的广告主题为"只为自画像，而不是自拍"。绘画名人凡·高、弗里达、丢勒拿着三星手机自拍，拍出来的是名人精心绘制的自画像，画面有种严肃认真的味道，名人的使用让拍照效果的高品质特征得以表现。

图 2-80 耐克广告

图 2-81 三星 NX mini 相机广告

作品分析：在图 2-82 所示的广告中，设计师结合新冠疫情，让世界名画变成了一幅幅防疫广告，告诫人们防疫的重要性。

图 2-82 国外防疫广告

（二）普通人代言广告

普通人包括了男人、女人和孩子等普通大众。普通人代言广告中，男人的坚毅品质、女人迷人的外形及孩子可爱的神态等都可以成为广告挖掘的点，设计师可以充分利用人们的心理，提升广告的注意度。普通人真诚的态度和朴实的形象能引起受众的共鸣，来自普通人的真诚推荐也能产生很大的影响力。

图 2-83　国外减肥药广告

作品分析：图 2-83 所示的广告采用普通人做广告，试图将胖子身上的肥肉用彩绘腰包、游泳圈、水泥袋等方式掩盖起来，但怎么也遮不住，表现主题：肥肉是不能隐藏起来的，那就减肥吧！普通人的代言在画面中具有了更加真实、可信的证明效果。

图 2-84　儿童摄影馆广告

作品分析：图 2-84 所示的儿童摄影馆广告中，孩子萌萌的表情，再加上匹配名画的可爱的外形装扮，融化了众多妈妈的心。

一方面，普通人真挚的情感能让观众感同身受，这样的广告能拉近消费者与产品之间的距离，从而促进产品的销售。但另一方面，由于普通人缺乏明星的光环，其代言对某些群体（尤其是青少年）缺乏号召力和影响力，尤其在某些奢侈品品牌上无法取代明星代言的效应。

图 2-85　多芬沐浴露广告

作品分析： 多芬目标消费群定位于普通大众，因此，40 多年来一直用普通人来做广告，如图 2-85 所示，"真实的美丽"品牌理念贯穿了它的各种创意广告，该品牌广告采用纪实的拍摄手法始终如一地向女性消费者传递"要善于发现自己的美丽、肯定自己的美丽"的观念。

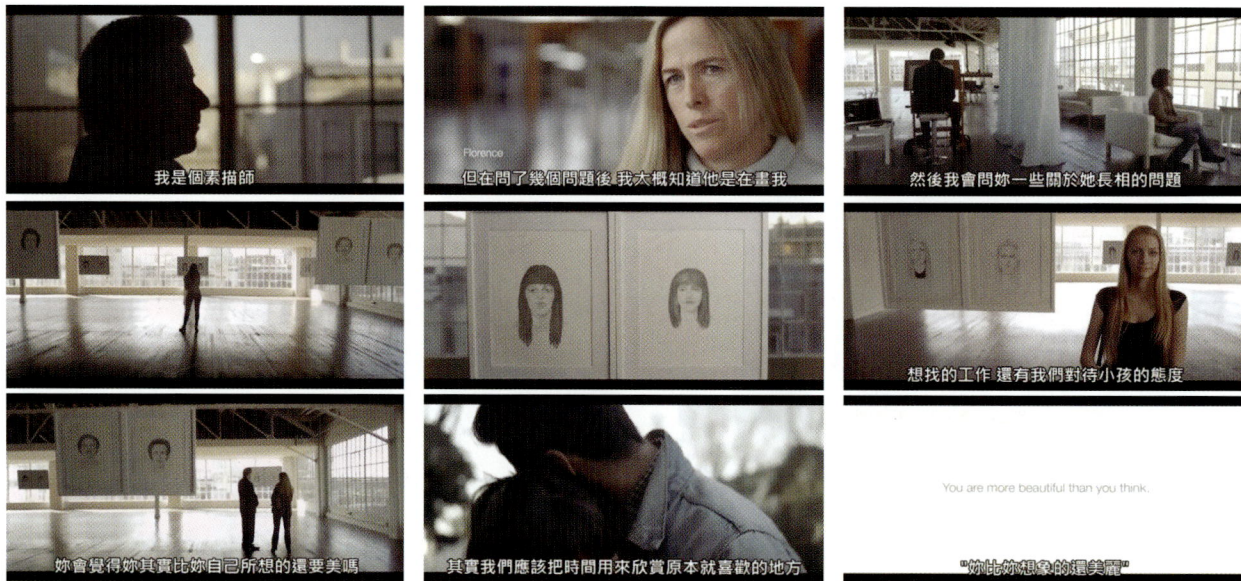

图 2-86　多芬视频广告

作品分析： 图 2-86 所示的广告选择普通女性作为阐述者，依据从她们自己口中描绘出来的画像和从别人口中描绘出来的画像之间产生的鲜明视觉冲击力，让普通的女性强烈地意识到自己的美，肯定的广告语气和画风让她们坚信真实的美一直都在。

自媒体时代，由于互联网技术的高速发展，普通人利用各种网络技术代言已经成为一种普遍现象，粉丝效应的运用能够实现产品的大范围推广和促销。但需要注意，任何人代言都应遵守广告法，坚持真实广告宣传及创作，并培养高尚的审美情操。

图 2-87　甘孜文旅广告

作品分析： 图 2-87 所示的是甘孜文旅广告。抖音网红甘孜文旅局局长为家乡代言，利用粉丝效应向全网旅人发出到甘孜旅游的邀请。

任务二　利器 No.2：以情动人

消费者购买或使用某款商品在大多数情况下是为了追求情感上的满足或自我形象的展现，因此，当商品能够满足消费者这两方面需求时，它在消费者心中的价值可能远远超出商品本身。基于此，情感就成为广告成功的制胜法宝，广告创作需要利用创意和艺术表现来引发消费者的情感共鸣，一方面它诉诸消费者的情绪或情感反应，传达商品信息，带给受众情感上的满足，另一方面成为沟通品牌与目标客户情感的重要纽带，使消费者形成积极的品牌态度，让人们从内心接受商品。

人类情感是非常丰富的，不论何种情感，能够成功唤起消费者情感诉求的，用于广告就能给受众留下深刻的印象。广告中的情感通常包括亲情、友情和爱情，社会、民族大爱，以及人生价值观三大类。

（1）亲情、友情、爱情是人类社会丰富的情感，如果基于此赋予商品生命力和人性化的特点，往往容易引起消费者怀旧或向往的心理情感共鸣。

图 2-88　Sanex 日化产品广告

作品分析： 图 2-88 所示的广告作品中妈妈怀抱婴儿、妻子拥抱丈夫、准爸妈抚摸肚子里的孩子的画面洋溢着浓浓的亲情、爱情，打动着每一个受众，配以"最亲密的肌肤接触，一定要安全、舒适"的广告语，迅速诱发人们的购买行为。

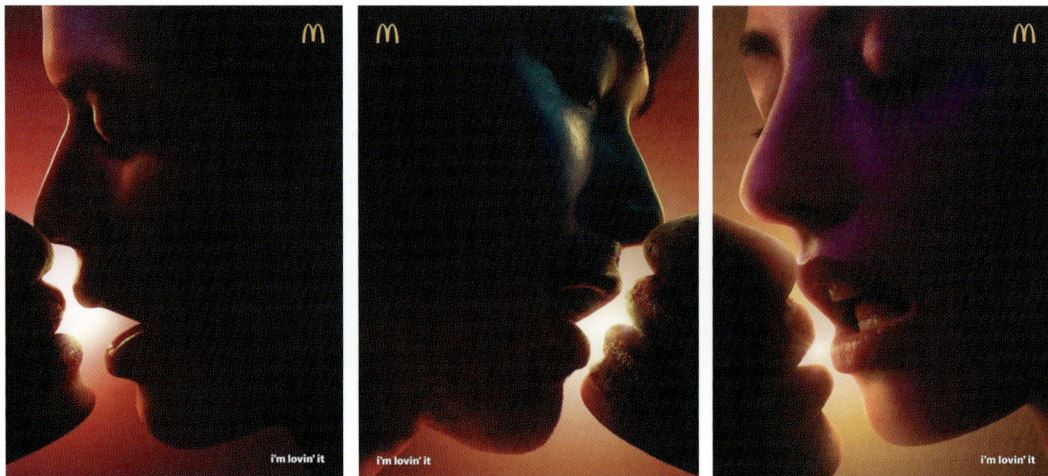

图 2-89　麦当劳广告

作品分析： 图 2-89 所示的这组广告乍一看表现的是爱人之间甜蜜的亲吻，充满了爱情的味道，但是当我们深究画面图形时，发现是在吃汉堡，加上广告语"我就喜欢"以及麦当劳的标志，我们才恍然大悟。

（2）社会、民族大爱可激发埋藏在消费者心中的爱国情绪，通过大爱诉求使消费者体会到一种自豪感和民族尊严。

广告案例：京东广告《红的寄托》

京东 2019 年底推出的《红的故事》第三季《红的寄托》广告如图 2-90 所示。该广告抓住春节的节点和中国人都喜欢的"红色"这两个特殊元素，讲述了"红色"所承载的意义。红色，对于中国人来说有着特殊的意义和情感，甚至可以说是中国的象征性颜色。"红"可以是大国传统春节文化的传承、家国情怀的体现，也可以是小家红红火火的好日子，广告中以祖孙迎新、母亲逝去的芳华、恋人的相知、家人的不舍及牵挂等日常生活场景来呈现。人们生活中最平凡的故事，在被赋予了传统文化精神内涵及家国情怀之后，往往能够从内心深处触发人们的民族认同感和归属感，真实和感人的情感在深深打动人们内心的同时，也加深了人们对京东品牌的印象。

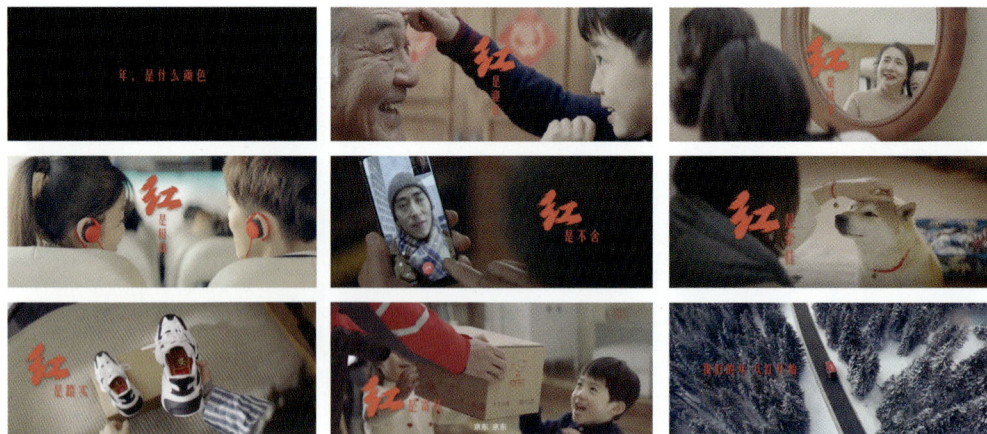

图 2-90　京东广告《红的寄托》

作品分析：图 2-90 所示的广告中，"红"不再只是一种颜色，而是成为家国情怀的代表，作品中蕴含的浓郁民族情感深深感动每一位国人。

图 2-91　京东《红的寄托》H5 广告

作品分析：《红的寄托》H5 广告（见图 2-91）沿用视频广告情感处理方式，以情动人吸引消费者。

（3）广告中常联系人生和价值观在画面中表现正能量，如表现追求梦想、努力奋斗或者勇往直前等精神，通过将情感的宣泄与商品联系起来，让消费者产生情感认同，实现广告目的。

图 2-92　印度男士内裤 Crusoe 广告

作品分析： Crusoe 的系列主题广告《wake up to the adventure inside you》（唤醒你内心的冒险）如图 2-92 所示，旨在告诉那些坚守在城市枯燥岗位上的男人们，千万不要放弃梦想，要为梦想而努力。这个创意直戳男人"痛处"，让品牌与男人向往自由、乐于冒险的特征建立情感连接，表现品牌所宣扬的为自己梦想努力奋斗的人生观和价值观。

图 2-93　潘婷广告

作品分析： 图 2-93 所示的是潘婷在泰国发布的励志广告，广告中充满了正能量，形象生动地展示了一个练习小提琴的聋哑女孩由困扰到自信，经历重重困难，最终实现梦想、获得成功的过程。广告最后"潘婷，你能'型'"广告语极大地引起了人们情感的共鸣，同时又恰到好处地宣传了产品。

需要注意的是，在创作情感广告时，很多时候表达的情感是多样化且交织在一起的，不能生硬地割裂各种情感，要让情感真挚、自然流露，达到不露痕迹宣传产品的目的。

任务三　利器 No.3：以法动人

为了获得更佳的视觉表现效果，广告可以借助于各种法则，巧妙地综合运用各种修辞手法来准确、形象、艺术性地传达广告主题，带给人们美的艺术感受。在广告中，常用的法则有夸张、比喻、比拟、通感、对比、双关、对偶等。

（1）夸张：运用丰富的想象力，在客观事物的基础上，根据设计的要求有目的地放大或缩小事物的形象特征，从而得到鲜明独特的视觉图形以激发观者丰富的想象力，在增强画面视觉效果的基础上直达广告主题，精准传递产品卖点信息。

在使用夸张表现方法时需注意：

①夸张需紧扣设计主题，围绕主题来选择恰当的视觉形象进行夸张。

②夸张以现实为基础，应适度。夸张需要掌握一个度，不能夸张到失真，否则就成了过度夸张或虚假广告。

图 2-94　大众汽车广告

作品分析： 图 2-94 所示的广告画面中大桥路面崎岖，夸张手法的运用创造了幽默的视觉效果，加之广告语"大众汽车经历了阿根廷 20 年的风风雨雨"，共同传达广告设计信息：大众汽车一路相伴。

作品分析： 图 2-95 所示的广告将人物进行了缩小处理，缩小后的人物与正常比例的水盆、水龙头形成了夸张的大小对比及强烈的视觉反差对比，随着缩小人物一系列高难度任务的完成，广告语"看起来似乎不可能，但直到你做到"适时出现，将自己装修面临的困难巧妙地呈现在人们面前，也从另一角度传达"装修可以来家装超市，不管你有多难，只要我们能做到，我们都可以帮你做得更好"的信息。

（2）比喻：就是打比方，抓住两种不同性质事物的相似点，用直观形象的事物来形容抽象难懂的事物，使产品的卖点更加突出，并以形象化的方式将设计主题和设计信息等传达给观众。

图 2-95　家装超市广告

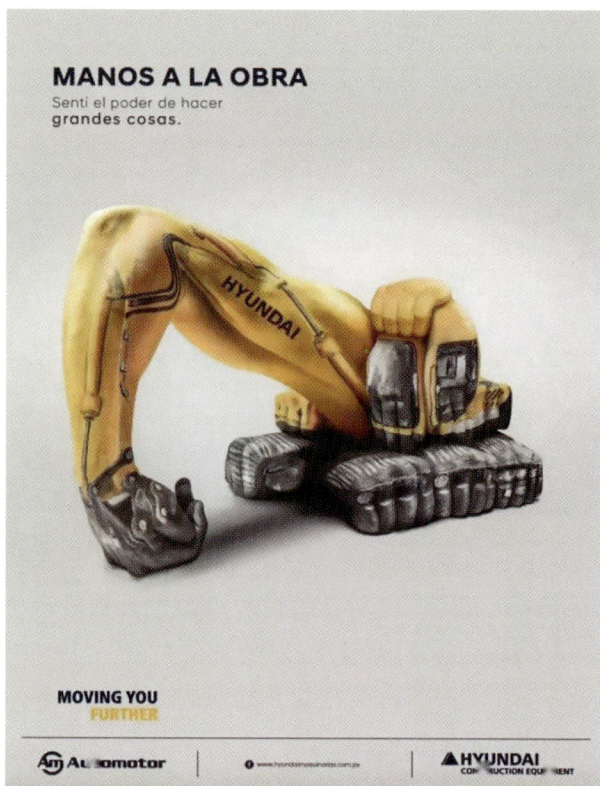

图 2-96　机械设备广告

作品分析：图 2-96 充分展现了机械设备能量足的卖点，比喻的运用让这一卖点表达得淋漓尽致，将能量满满的机械设备比喻成发达的人类手臂，带给人干劲十足的感受。

图 2-97　Now TV 定制电视广告

作品分析：图 2-97 所示的广告画面中将电视节目的无趣比喻成由频道和时间形成的横竖轴围成的牢笼，把影视剧的主角们禁锢在里面，比喻将抽象的概念转变成了形象的视觉图形，准确传递了"你需要能为你提供精彩的影视剧的 Now TV 定制电视"的信息。

（3）比拟：包括拟人和拟物。拟人是充分发挥想象力，对动物、物品等赋予人的情感，使其具有人的基本特征；拟物则是将人物化，使人具有物品的特质。比拟的最大特点是具有强烈的情感特征，可达到生动形象的视觉效果。

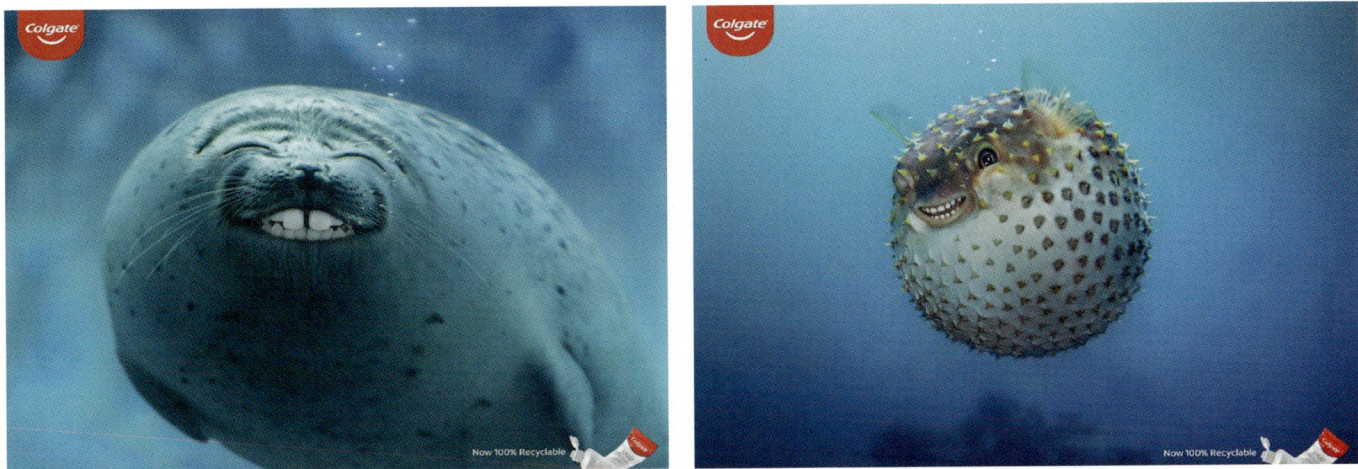

图 2-98　高露洁牙膏平面广告

作品分析： 在高露洁牙膏平面广告作品（见图 2-98）中，广告语"现在 100% 可回收"说明牙膏材料的环保性，不会对海洋造成污染，海洋动物像人一样微笑并露出洁白牙齿，也传达了高露洁牙膏洁白牙齿的功效。

图 2-99　法国电视台 Idents France 3 的广告

作品分析： 图 2-99 所示的广告中动物像人类一样做出各种高难度动作，拟人方法的运用让整个视频充满惊奇。

（4）通感：也叫联觉，通过打通人们视觉、听觉、触觉、味觉和嗅觉感官之间的壁垒，实现五觉联通，充分调动观者的情感，拉近产品与消费者之间的距离。

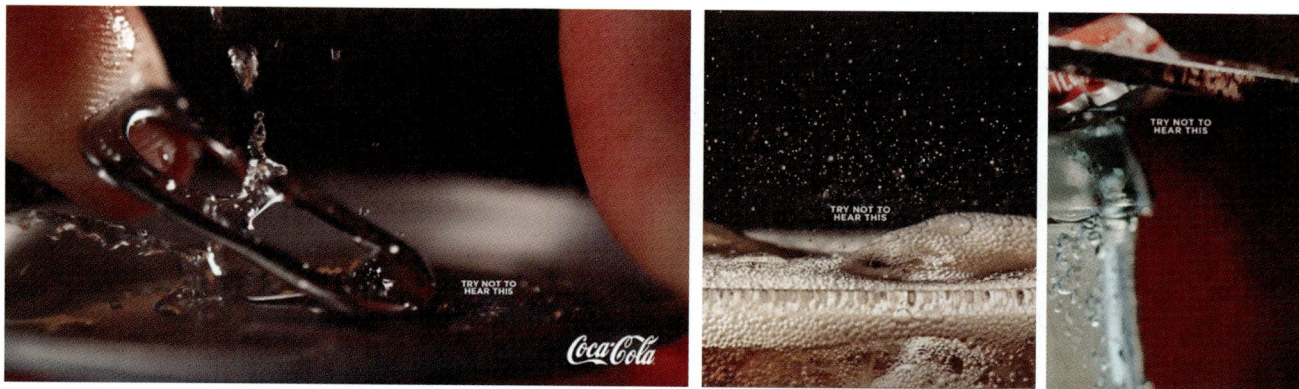

图 2-100　可口可乐广告

作品分析：图 2-100 所示的是可口可乐在欧洲发布的一组平面广告，被称为"第一件能够让人听见的平面创意作品"。广告设计主题为"try not to hear this"（尝试不要听见），但画面中各种视觉图形如开启的瓶盖、冒泡的可乐等却成为运用通感作用来打通视觉、听觉甚至味觉、触觉和嗅觉五感之间壁垒的工具，进而成为使人听见声音的视觉载体，开启易拉罐的瞬间，打开可乐瓶盖时的爽脆畅快的声音、碳酸饮料的标志性声响奔涌入耳，可乐的气泡在起舞的吱吱声早就充斥观者大脑了，作品令人心旷神怡！

（5）对比：在设计中将两个反差很大的视觉要素并置，使二者之间产生对照的视觉效果来达到信息传达的目的。

图 2-101　奔驰广告《左脑 VS 右脑》

作品分析：奔驰汽车在以色列推出的广告（见图 2-101）采用比较方法，将左脑和右脑并置在一起，通过画面左右两部分鲜明的视觉对比来充分展现奔驰的发展理念：融合与协作，创造完美品牌！

广告所运用法则还包括双关、借代、排比、疑问等，众多法则的运用帮助广告以更形象、生动、易于理解的视觉图形来吸引消费者并准确传达广告设计信息。

任务四　利器 No.4：以事动人

以事动人就是在广告作品中通过讲述故事或者表现一个事件的方式来感染人，触动人们内心，进而更好地传达产品的卖点等相关信息。在使用以事动人方法时，要注意以下几个要点：

（1）故事与品牌或产品的关联度要大。一定要在故事和品牌之间自然地寻找到切入点，不能生搬硬套。

（2）故事或事件的呈现需感情真挚，不矫揉造作，浮夸的画面效果或虚假的情感无法引起人们的共鸣。

（3）讲故事的目的是传达产品信息。

广告案例：淘宝二楼《一千零一夜》

2016年，淘宝推出淘宝二楼《一千零一夜》。这是一个全新的内容消费模式。淘宝通过积累的消费大数据发现：80%的淘宝用户都是"80后"和"90后"年轻人，这群人习惯于睡前（22点—24点）刷淘宝。通过调研，淘宝了解到这群用户之所以在这个时间段买东西是想用美好的食物激励和治愈自己，并以美好的心情迎来第二天的挑战。因此，结合定性深度剖析与定量挖掘规律，主题为"美好的物品能治愈"的《一千零一夜》便应运而生，并在形式和内容上都进行了创新。

（1）在形式上，淘宝不再强行将广告放在网站首页推广给消费者，而是更具人性化地把它藏在了页面顶部，运用下拉看视频的互动方式吸引消费者，并将视频改版为适应于移动端的竖版视频。（见图2-102）

作品分析：隐藏的淘宝二楼《一千零一夜》（见图2-102），在带给人们新鲜感的同时极大地吸引了年轻群体的关注，竖版视频符合目标群体的阅读习惯。

（2）在内容上，对产品的推销不再直白，而是围绕自身IP，将每个产品打造成一个个小故事，并通过更加丰富的形式来凸显淘宝的优质商品，进而加强受众对淘宝品牌品质的认知。

图2-102　淘宝二楼《一千零一夜》设计形式

续图 2-102

图 2-103　淘宝二楼《一千零一夜》广告

作品分析： 淘宝二楼《一千零一夜》每个故事都提前发布精美平面广告，如图 2-103 所示，以吸引受众关注。

淘宝二楼《一千零一夜》采用创新的营销模式，使用户在视觉上被全新的观影体验震惊；同时精心策划并制作关于美食的情感故事，走心的讲述、细腻的画面、美味到几乎可以跃出屏幕的食物都深深吸引着用户，使用户沉浸在有美食新奇元素的故事中，用户用产品故事治愈自己相似的情感体验引发的关联情绪就成为激发用户购买的利器。因此，淘宝二楼《一千零一夜》上线两周，淘宝页面流量均一直稳定在百万级，商家产品销量均创历史新高。

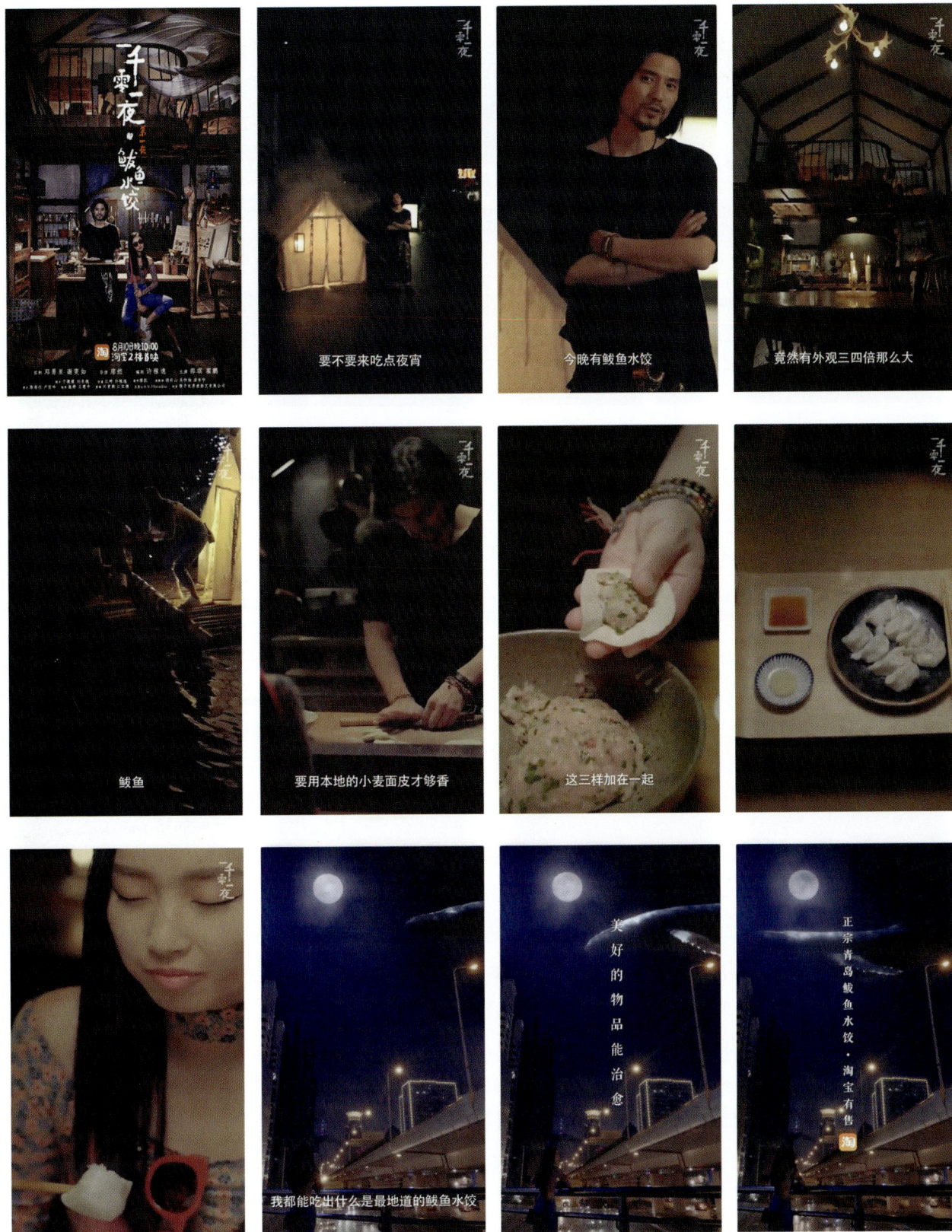

图 2-104　《一千零一夜》第一夜"鲅鱼水饺"

作品分析: 在图 2-104 所示的广告中,随着故事的讲述、情感的调动、氛围的烘托,鲅鱼水饺制作精心、用料讲究的卖点展现得淋漓尽致,让观者"味蕾大开"。

图 2-105　JIMSHER 威士忌广告

作品分析：图 2-105 所示的广告要传递的信息是该品牌威士忌悠久的生产历史，将具有年代感的装酒木桶分为上下两层，利用这种平面解剖结构，用讲故事的方式，清晰地展示了不同故事场景。两个故事场景的相互作用，向人们共同传递了该品牌威士忌生产历史悠久的信息。

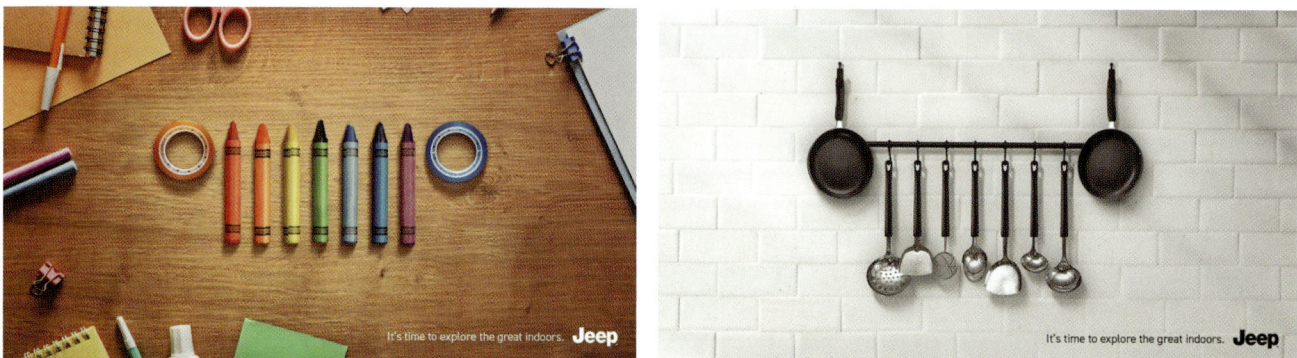

图 2-106　Jeep 汽车广告

作品分析：Jeep 最近在澳大利亚发布了一组主题为"The Great Indoors"的创意广告，如图 2-106 所示：疫情阻挡了 Jeep 向往自由、勇于探险的脚步，人们无法开车出门，只能待在家中，或许你会觉得无聊及孤单，但是 Jeep 不会，因为宅在家里也可以探索出另一番独特的风景。画面中展示了待在家中探索的不同风景，生活中最常见的各种物品组成了 Jeep 车标志性的外观，同时蜡笔、胶带等各种绘画工具可以让人感受艺术的休闲时光，而与厨房锅碗瓢盆的"亲密接触"可以解锁自己做饭新技能，种种探索传达出"It's time to explore the great indoors"（是时候探险"家"了）的广告主题，给人们传递着 Jeep 坚持不懈、永远探索的品牌精神。

任务五　利器 No. 5：以景动人

以"景"表达设计主题也是广告作品创作中常见的方法。很多时候，景有治愈人们内心的作用，同时在景与人进行情感沟通的过程中，可通过景潜移默化地将设计主题和产品相关信息传达给消费者。

广告中的景包括两大类，即自然景色和生活场景。

（1）自然景色，包括城市自然景色和其他自然景色，泛指一切见于地表的景色，包括植物、动物等自然风光，也包括人文景观、城市建筑等，这些景色往往能带来使人觉得新奇、激动的力量，经常运用到汽车、旅游等广告的设计表现中去。

图 2-107　大疆随行无人机广告

作品分析：大疆随行无人机中英文广告（见图 2-107）展示了与众不同的观察事物的角度，记录拍摄了旅行中的美丽自然风光，并将这些自然美景转化为作品中气势恢宏如史诗般经典的画面瞬间，揭示主题：有了大疆随行无人机，每次旅行都可以像史诗般经典。

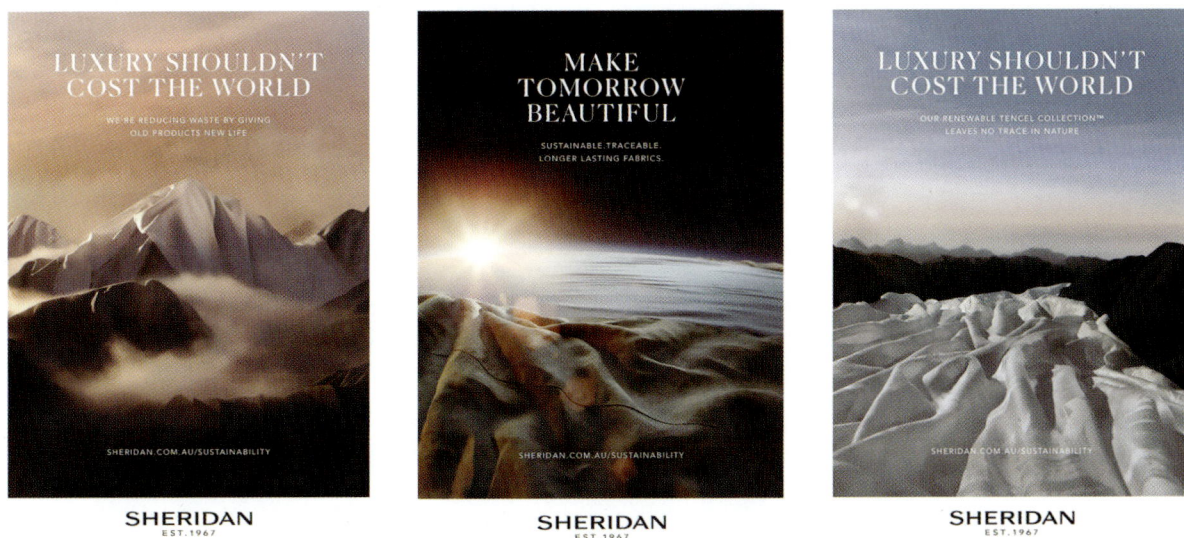

图 2-108　Sheridan 家纺广告《让明天更美好》

作品分析：图 2-108 所示的广告画面中不同织物置换构成大山、云海与河流，加之广告文案"我们的再生天丝系列，在大自然中不留痕迹，我们通过赋予老产品新的生命来减少浪费"，共同传达了产品环保、不对环境造成污染的特点。

图 2-109　奥迪 A4 汽车广告

作品分析： 图 2-109 所示的这组广告让我们眼前一亮，它采用红外线热感应展示了城市街景，让普通街景以与众不同的独特的视觉效果呈现，就是为了巧妙传达"新奥迪 A4，开启你全新感受"的设计主题。

（2）生活场景，包括家庭聚会、上班、做饭等日常生活中常见的各种场景。利用生活场景可展示真实可信的普通人生活，述说生活的酸甜苦辣，并借此向人们传达产品相关信息。

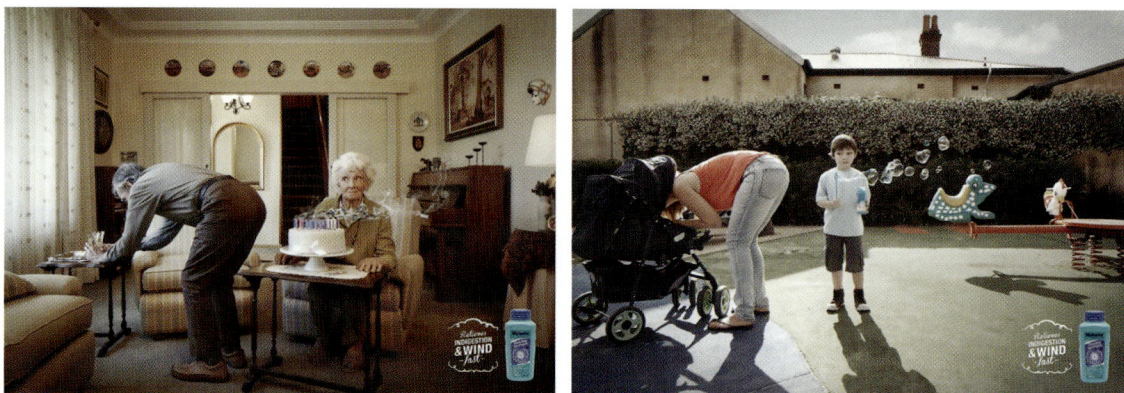

图 2-110　Mylanta 胃药广告

作品分析： 在图 2-110 所示的这组广告中，普通的生活场景充满了无厘头式的幽默，展示了由于消化不良导致肠胃不好，结果不小心"泄气"给人带来的尴尬的一瞬间，表达主题：如果你不想像他们一样如此尴尬，那就赶紧找 Mylanta 胃药帮忙吧，它能很好地治疗肠胃问题。

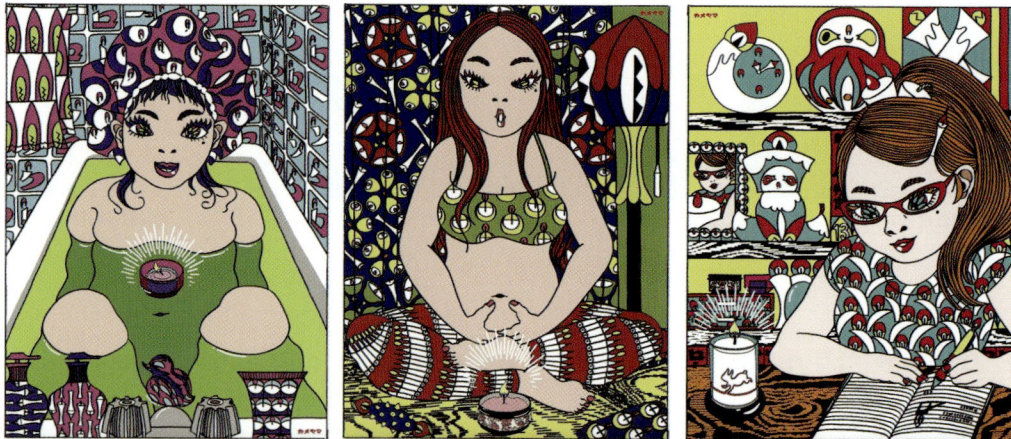

图 2-111　日本蜡烛广告

作品分析： 图 2-111 所示的广告中的蜡烛目标客户定位于年轻消费者，因此广告采用年轻人喜欢的插画形式，将蜡烛使用在洗澡、冥想以及学习的场景，生动地告知受众蜡烛使用范围广的特征。

广告案例：东阿阿胶

东阿阿胶广告（见图 2-112）并未直接宣传产品"补血"的特点，而是借势中秋这一家人团圆的节日，精准捕捉当下年轻人的种种痛点与辛酸，展示了其在事业、孩子、父母、他乡与故城之间百般纠结的过程。中秋之夜，屋内场景和屋外自然景色轮流交替出现，烘托人物对亲情的顿悟和感恩，并进行了细腻且日常的呈现，身边人发生的故事、熟悉的生活场景、浓浓的亲人之间的爱与牵挂，直击人心最柔软的部分。视频中段，广告语"月圆时刻，把爱补回来"适时出现，暗示剧情反转，孩子们克服种种困难行动起来，回家把爱"补"回来了！剧中由失落到团圆的欢喜让人感动满满。

图 2-112　东阿阿胶广告 1

作品分析： 图 2-112 所示的广告通过不同场景的烘托，使情感的表现更加细腻生动。

图 2-113　东阿阿胶广告 2

作品分析： 图 2-113 所示的广告呈现了不同的温馨生活场景画面，让人感同身受，拉近产品与消费者心理距离。

任务六　利器 No.6：以物动人

以物动人是常见的广告表现形式之一。大多数情况下，广告都是为宣传企业品牌或者产品而服务的，因此，物品在广告作品中就成为设计主题传达的重要视觉载体，通过这一载体，广告能准确巧妙地向受众传递产品的卖点。

物品的展示分为直接物品展示和间接物品展示。

（1）直接物品展示：运用相关联想，直接利用产品或与产品有密切关联的物品来传达设计主题和表现产品卖点，具有直接明了、精准表达的特点。这是一种常见的广告艺术表现形式，但是需注意以巧妙的方式展示产品，强硬推销会适得其反。

图 2-114　珍宝珠棒棒糖广告《a sweet escape》

作品分析： 图 2-114 所示的这则广告将人物夸张拟物化处理，使人物拉长脖子变成了棒棒糖造型，让画面充满了快乐和幽默，广告语"a sweet escape"（甜蜜的逃避）与棒棒糖造型的人物共同传达着主题信息：珍宝珠棒棒糖能让你从繁重的学习及劳动中解脱出来，感受到甜蜜的快乐。

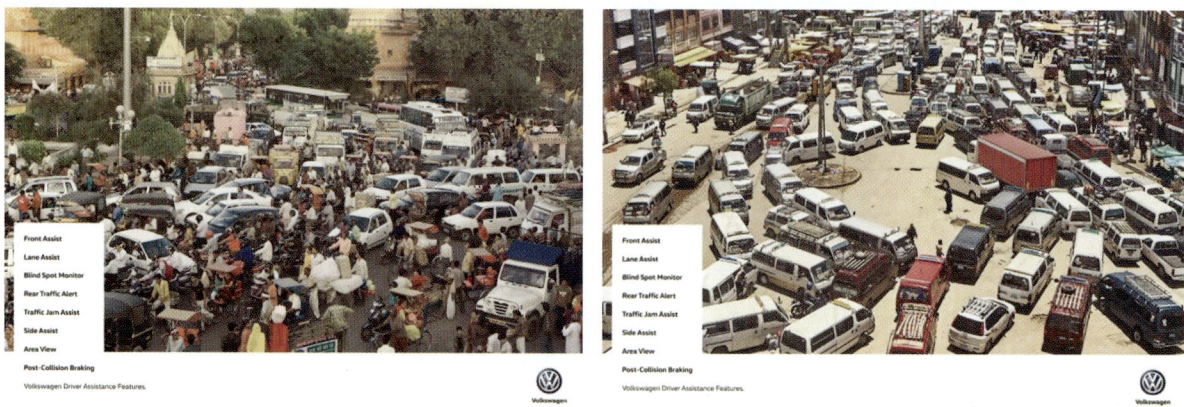

图 2-115　大众汽车广告

作品分析：大众汽车广告（见图 2-115）采用直接物品展示法将拥挤、混乱的行车环境展示在人们面前，并提示：面对如此环境，你需要的是大众行车辅助系统，以帮助你摆脱如此困境。

图 2-116　奇多爆米花广告

作品分析：图 2-116 所示的广告采用直接物品展示法，通过夸张、幽默的手法将男主人公右手拿奇多爆米花袋子、左手吃爆米花后弄脏手时遇到的各种尴尬事情展现在人们面前。画面充满喜剧色彩，直接展示奇多爆米花深受欢迎，令人一刻也舍不得放手。

（2）间接物品展示：选择与产品看似毫无关联的物品，充分运用联想和想象或者逆向发散思维等方法，建立产品与物品之间的联系点，并借用二者之间的联系点来传达设计主题和表现产品卖点。这种表现形式常创意独特，给人意料之外的惊喜，具有强烈的视觉表现力、感染力。

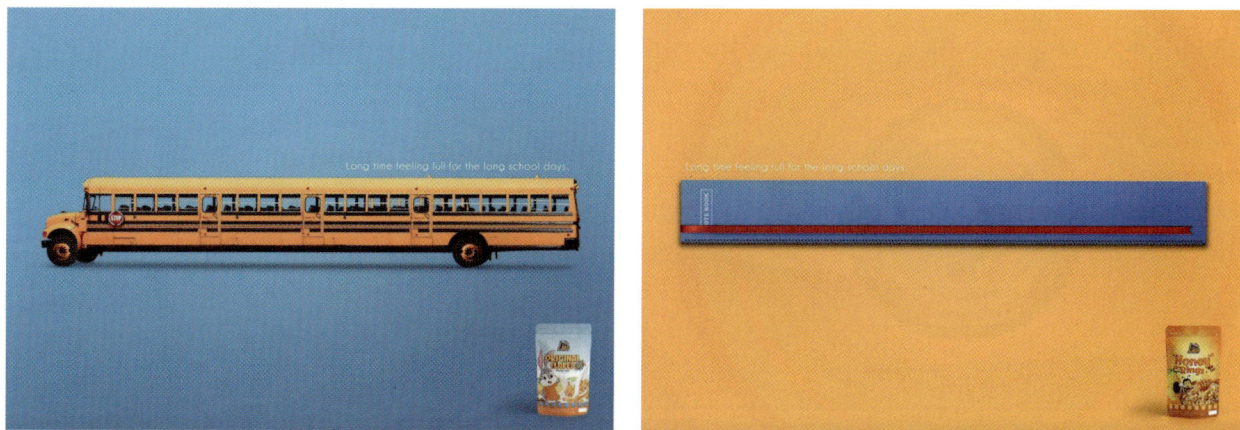

图 2-117　Lino 水果泡芙广告《Long school days》

作品分析：上学、工作与水果泡芙本是风马牛不相及的。在图 2-117 所示的广告画面中，我们看到了被拉长成超大号尺寸的校车、工作簿等物品，广告通过夸张拉长物品来形容我们心中那度日如年的时间观感，并以此暗示主题：没关系，虽然上学日、工作日漫长，但是有 Lino 水果泡芙的陪伴，你一定不会觉得难过。

图 2-118　墨西哥酒精饮料广告

作品分析： 如图 2-118 所示，光看作品画面，你一定无法想象这是酒精饮料的广告，因为画面中高纯度的对比色与皮革、花卉、羽毛、珠宝等元素构成了唯美的动物图像，但设计师正是运用这种丰富的、具有强烈视觉效果的高纯度对比色，建立了看似毫无关联的物品与酒精饮料之间的桥梁，使二者产生了关联性，以此来传达酒精饮料丰富并强烈的口感。

图 2-119　阿司匹林止痛药广告

作品分析： 现代生活中压力无处不在，巨大压力之下，身体也难免出现一些状况。于是，图 2-119 所示的广告画面中有创意地用人们意想不到的物品来表达各种疼痛，将菜刀、订书机等物品进行拟人化的处理，使之成为最好的视觉意象载体，将生活压力之下的疼痛展示得一览无遗，并表达主题：如果不想忍受着揪心的头痛，那就试试阿司匹林，让它来帮你缓解疼痛。

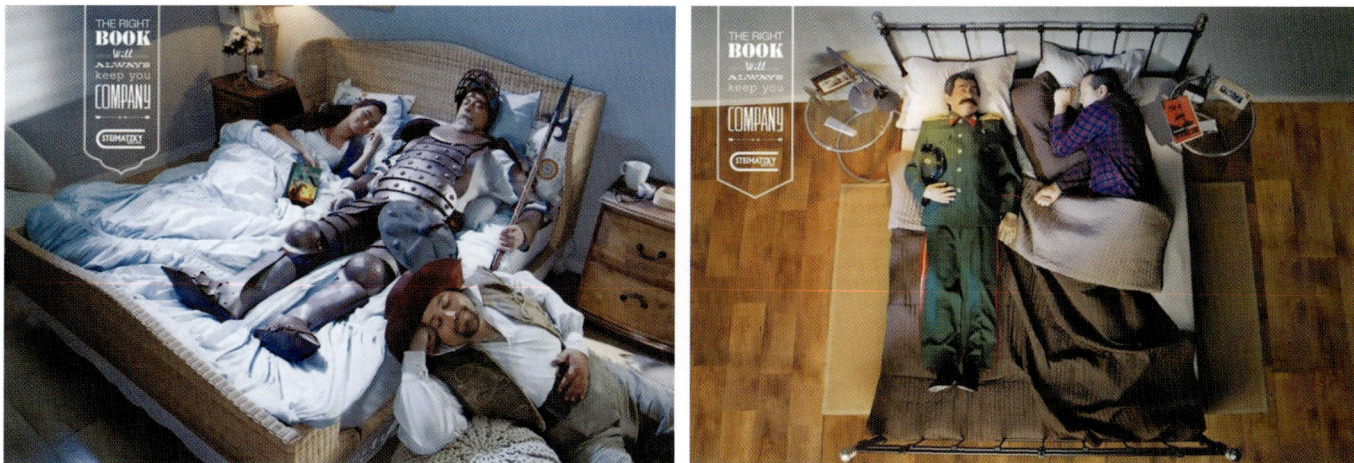

图 2-120　以色列连锁书店 Steimatzky 广告

作品分析：相信很多人都有这样的体验：陪我们成长的书籍一定不是用来应急垫桌脚的，而是被我们放在枕边，反复阅读，并陪伴我们度过多个日夜的，书中的主角就犹如好朋友陪伴在我们身边，伴我们入梦，正如图 2-120 所示的广告中所传达的广告语"一本好书，是你最好的陪伴"。书籍和睡觉之间通过生活经验建立了关联，广告语的提出，既符合设计主题的需求，又很好地传达了设计信息。

G

Guanggao Sheji

模块三
实战项目流程

现代广告不仅是传播媒介上的"广而告之"，还是一种信息传播的重要手段，同时现代广告还包括在传统媒体和新兴媒介平台上的一切营销传播活动。因此，广告设计不能纸上谈兵，而应根据广告营销计划和广告目标，结合现代市场、企业、消费者、媒介等诸多因素的具体情况，按照具体的广告策划流程进行与市场、企业、消费者相适应的经济有效的广告活动，并通过广告的策划、设计、制作及发布等，进行相关信息的有目的的精准传播；同时，广告在信息传播的过程中又给社会带来科学、文化、艺术、教育等诸多方面的知识，并深刻影响人们的生产和生活，最终促进社会生产的发展、文化的进步及人们健康生活的良性提高。

广告是丰富多彩的，但其设计流程大同小异，万变不离其宗，大致可分为项目前期、中期和后期，每个流程环环相扣，缺一不可。掌握广告设计流程对于广告设计的理论学习和实战设计是非常重要且必要的。

项目5 项目实施前期

项目描述

项目实施前期主要包括组建广告设计团队、接受广告设计项目委托和进行项目分析，是开展广告设计的前期准备。

项目目标

1. 价值塑造

（1）培养团队合作意识；
（2）培养正确辨析事物的能力。

2. 知识学习

理解并掌握广告项目实施前期相关知识。

3. 能力培养

（1）具有掌握广告项目实施前期理论知识的能力；
（2）具有团队协作、分析事物的能力。

任务一 组建团队

在高校教育大力改革、国家鼓励大学生创新创业的大背景下，由大学生组建广告设计团队是符合国家高校人才培养要求和目标的。组建广告设计团队，模拟广告公司框架，并通过广告真实项目制作教学和实施，将单一的学习型设计团队逐渐转变为学习型且有社会经济效益产出的实践型设计团队，对于学生广告高阶设计能力的培养、创新创业能力的提高具有重要的作用及意义。

（1）广告设计团队架构，可以借鉴广告公司构架，主要由客户部、企划部、创作部、媒介部组成，如图3-1

所示。

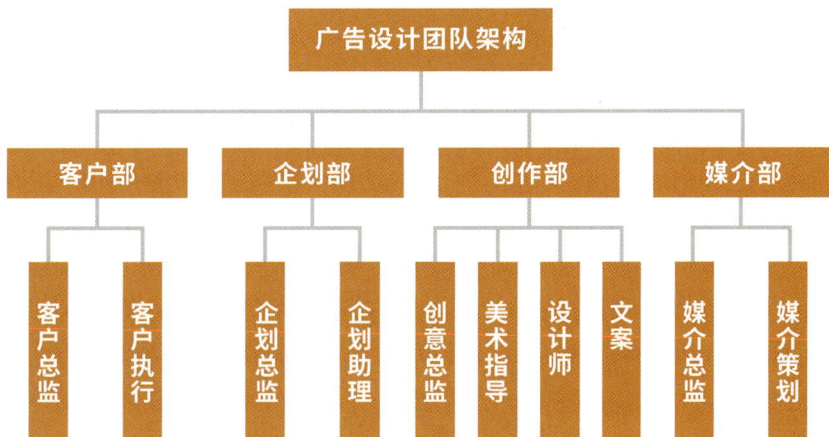

图 3-1　广告设计团队基本架构

客户部负责直接跟客户联络、沟通，了解客户的产品及该品牌有关资料，然后协调客户与广告公司的关系及与公司内各部门沟通交流。

企划部主要负责市场调研，深入了解企业产品、市场、消费者相关信息并进行广告策划及后期广告效果的测定等。

创作部主要负责广告的创意和设计制作，包括广告创意、广告图片及摄影、广告画面的设计、广告文案的撰写以及广告后期印刷或制作等。

媒介部主要工作是联络各媒介部门，负责广告作品的媒体发布。

（2）任务清单，如表 3-1 所示。

表 3-1　任务清单

任务描述	组建广告设计团队			
任务目标	1.合作组建广告设计团队，并进行人员合理分工。 2.完成广告设计团队名字及 logo 设计。			
技能目标	1.提高团队协作能力。 2.提高专业设计能力。			
团队		日期		
岗位分配表	岗位	姓名	具体要求	备注
任务分配表	任务分工内容	姓名	任务实施过程记录	备注

任务二　接受委托

广告设计一般由广告主主动提出设计的需求，在这一阶段，设计团队与广告主双方需要在一起进行比较充分的沟通和交流。设计团队工作包括：

（1）了解企业相关背景，并请广告主提供尽可能多的背景资料，以便公司对设计项目进行系统的专业分析。

（2）了解客户大概经费预算。经费预算是方案能否顺利执行的重要因素。

（3）了解客户需求，明确需要设计的项目，并指定项目负责人，协调相关的资料收集工作。

（4）与客户沟通后，根据掌握的资料，提出初步的解决方案。

在这一阶段，广告主往往对广告设计缺乏具体的构思和清晰的思路，因此，需要广告专业项目负责人在双方正式接洽前，对广告主所处企业、品牌文化、产品特点、竞争对手等情况做全局性的了解和掌握，做到心中有数，并做出初步的方案，给广告主提供建设性的意见和参考，获得其信任并接受广告项目委托。

任务三　项目分析

项目设计团队接受委托后，根据广告主的广告计划要求，需要对广告主的基本信息、广告要求、广告目的、广告受众及预算范围五方面进行详细分析和考虑。

1. 广告主的基本信息

广告主的基本信息包括企业名称、企业历史、品牌名称、品牌故事、产品名称、产品调性、产品特点、产品 USP（独特的销售主张）等。

2. 广告要求

广告要求大多数情况下是由广告主提出的并在广告设计和制作过程中都要遵循的，如广告中必须体现产品的某方面功能，或者要说明产品的哪些特点，或者广告的风格要符合广告主的要求等；否则，后期广告创意和制作将违背广告主的原定诉求，造成不必要的麻烦。还有一种情况是，采用不同的广告发布媒介，也会有一些特定的要求，如平面印刷广告要符合印刷工艺，网络广告要符合网络平台的发布特点等。

3. 广告目的

设计团队应在与广告主沟通的基础上，提出广告的初步目的。在这一阶段，由于并未进行深入的市场调研和广告策划，广告目的可能并不精准，但是对广告目的一定要有清晰的思路和想法。没有清晰的广告目的，就无法进行广告策划，而明确的广告目的将提高后期广告策略思考的指向性。通常，一个广告主进行广告宣传可能有多个目的，如成熟的企业需要巩固已有市场、推广新品上市、让已有产品进入新的市场或者提升企业品牌形象等；而新兴企业则需要重点考虑如何树立企业品牌印象，增加消费者的熟悉感，并最终获得消费者的认同以打入市场。

4. 广告受众

广告受众即广告所宣传产品的终端消费者。广告受众分析是开展广告设计的前提条件和重要基础，并直接影响到广告的表现和制作形式的不同。只有受众分析准确，有的放矢，才能设计出让目标受众易于接受的广告作品。

5. 预算范围

广告制作是否优良与广告预算有很大的关系。如果前期广告主告知了明确的费用预算，设计团队就需要严格按照广告主给定的费用做好相关预算分配和调用可能的配套资源；如果前期广告主没有明确广告预算费用，则需要广告设计项目负责人与广告主积极沟通并依据经验大致判断出费用范围，或给予广告主合理的经费预算建议。

任务清单如表 3-2 所示。

表 3-2　任务清单

任务描述	广告项目分析			
任务目标	完成广告项目的前期分析			
技能目标	1. 提高团队协作能力。 2. 提高辨析能力。			
团队		日期		
任务分配表	岗位	姓名	具体要求	备注
任务实施安排	任务分工内容	姓名	任务实施过程记录	备注

项目 6　项目实施中期

项目描述

项目实施中期主要包括市场调研、广告策划、广告创意、广告制作和客户审查几个工作内容，是开展广告设计的主要阶段。

项目目标

1. 价值塑造

（1）培养团队合作意识；

（2）培养大国工匠精神以及刻苦钻研精神。

2. 知识学习

理解并掌握广告项目实施中期相关知识。

3. 能力培养

（1）具有市场调研的能力；

（2）具有广告策划的能力；

（3）具有广告创意的能力；

（4）具有广告制作的能力。

任务一 市场调研

市场调研需重点对市场、产品和消费者三方面内容进行深入的调查和分析，如图 3-2 所示。

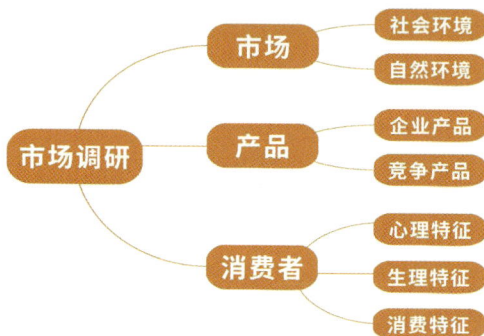

图 3-2 广告市场调研内容

（1）市场。设计团队需要对市场的社会环境和自然环境加以分析，深入掌握市场的供求状况、市场特点和市场的发展动向、商品格局状况、国家的宏观经济政策及地区的经济管理措施等，并选择一个最适合广告产品进入的目标市场。市场的调查和分析能够为广告策划提供有效的依据和数据支持。（见图 3-3）

图 3-3 设计团队在进行广告设计前的市场调研

（2）产品。在调研市场的基础上，还需要对广告主自身的情况进行了解，对其品牌或产品历史以及目前的状况进行深入研究和分析，以确保广告策划的针对性和有效性。对产品的调研主要包括两个方面：

一是要掌握产品的基本资料，主要包括：①产品的生产情况，如产品生产的历史、数量、技术、设备等；②产品外观，如产品造型、规格、色彩、包装、材质、工艺特征等；③产品特点，主要指产品的优点，尤其是

USP（独特的销售主张），即能带给消费者什么样的益处。

二是要深入调研市场上的竞争者或同类产品，了解这些竞品的优缺点和现状，明确哪些产品是竞争的对手以及这些产品的竞争力、优势，尤其要密切关注竞争对手的广告类型与效果、广告投放以及市场的反馈情况等。

对企业及其产品的深入调研，有助于确定广告的定位以及强化广告诉求的主题。

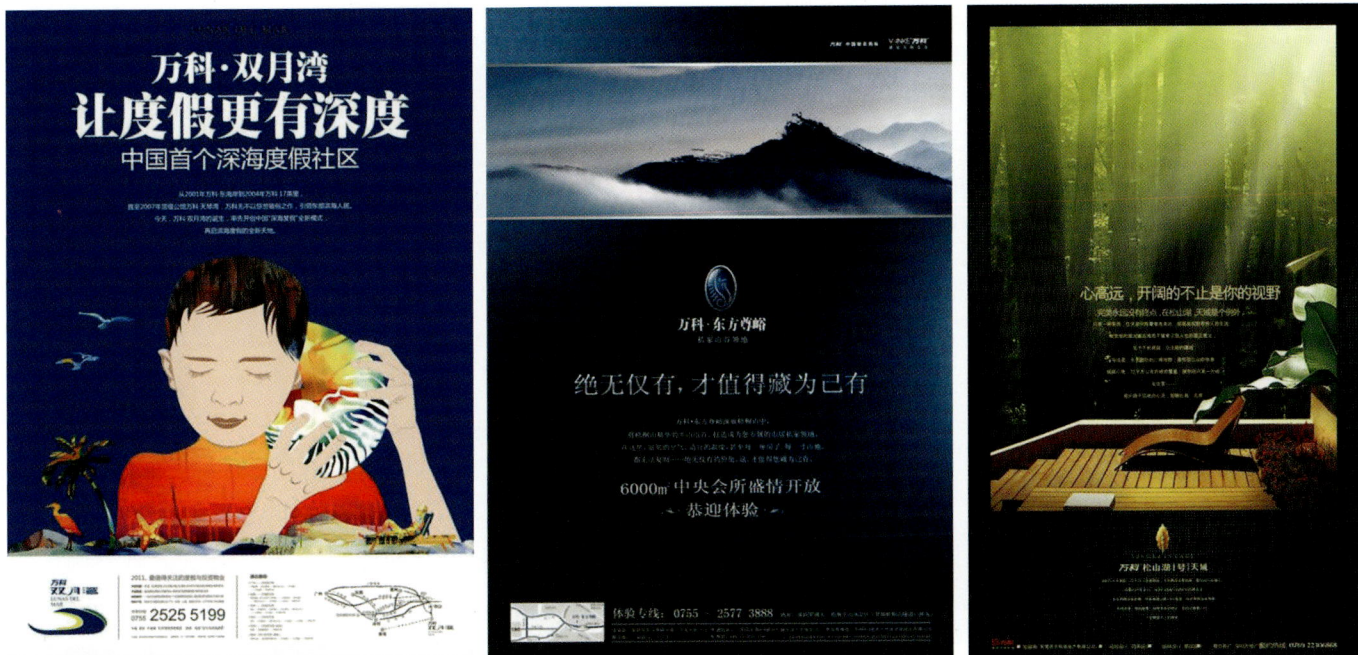

图 3-4　万科不同楼盘广告

作品分析：图 3-4 所示的是万科不同楼盘广告。针对不同特点楼盘，其广告创作风格也完全不一样。

（3）消费者。消费者是广告的宣传对象，只有了解消费者，广告才能做到有的放矢，激发受众的消费欲望。因此，广告设计必须符合消费者的基本状况，一方面需要了解消费者对企业的认知评价，包括消费者对企业产品、性能、技术、价格等的评价状况，同时还要了解消费者的年龄、性别、职业、受教育程度、审美习惯、生活方式（消费方式）、经济情况、购买能力、消费者当前及未来的消费时尚、消费心态等。

广告案例：麦当劳

麦当劳是全球最大的跨国快餐连锁餐厅，1955 年创立于美国芝加哥，在其 60 多年的发展过程中，著名的 4A 广告公司如 DDB、TBWA、Leo Burnett 和 Cossette 等与其合作，共同创造了上千张独具匠心的广告作品，在国际广告设计大赛中屡屡斩获大奖，为该产品宣传以及品牌的塑造奠定了良好的基础。在不同的时期，根据市场以及消费者的不同需求，麦当劳采用了不同的广告定位和风格：

（1）20 世纪 60 年代初创期，广告重点宣传产品的真材实料。

（2）70 年代，顺应美国政府针对黑人群体推行的"反歧视活动"，广告中套餐和黑人面孔经常出现。

（3）80 年代，麦当劳、汉堡王和 Wendy's 形成三足鼎立的汉堡战争期，麦当劳广告宣传中侧重于家庭团圆的氛围。

（4）90 年代，麦当劳继续扩张全球市场，在 89 个国家开设了 7000 多家餐厅。随着美国广播电视产业的高速发展，麦当劳将全年近 6 亿美元广告费用的 75% 投放到电视广告中。

（5）从进入21世纪至今，麦当劳的平面广告数量呈指数级增长，出现了大量著名的平面广告。如"i'm lovin' it"系列广告、"M金字招牌"系列广告、"24小时营业"系列广告、McDelivery（麦乐送）系列广告、节庆日系列广告和"新鲜"系列广告，等等。系列广告用画面抓住人们的眼球，在带来令人惊叹的创意的同时又具有强烈的吸引力，准确传达广告主题和产品信息。

图3-5　麦当劳广告

作品分析：图3-5所示的系列广告，目标受众定位为学生群体，因此采用了符合学生特点的设计风格和广告文案。

图3-6　麦当劳广告《夏天的滋味》

作品分析：图3-6所示的广告作品采用微雕景物拍摄形式，用甜筒特写镜头展示夏日享受麦当劳的美好滋味和心情。

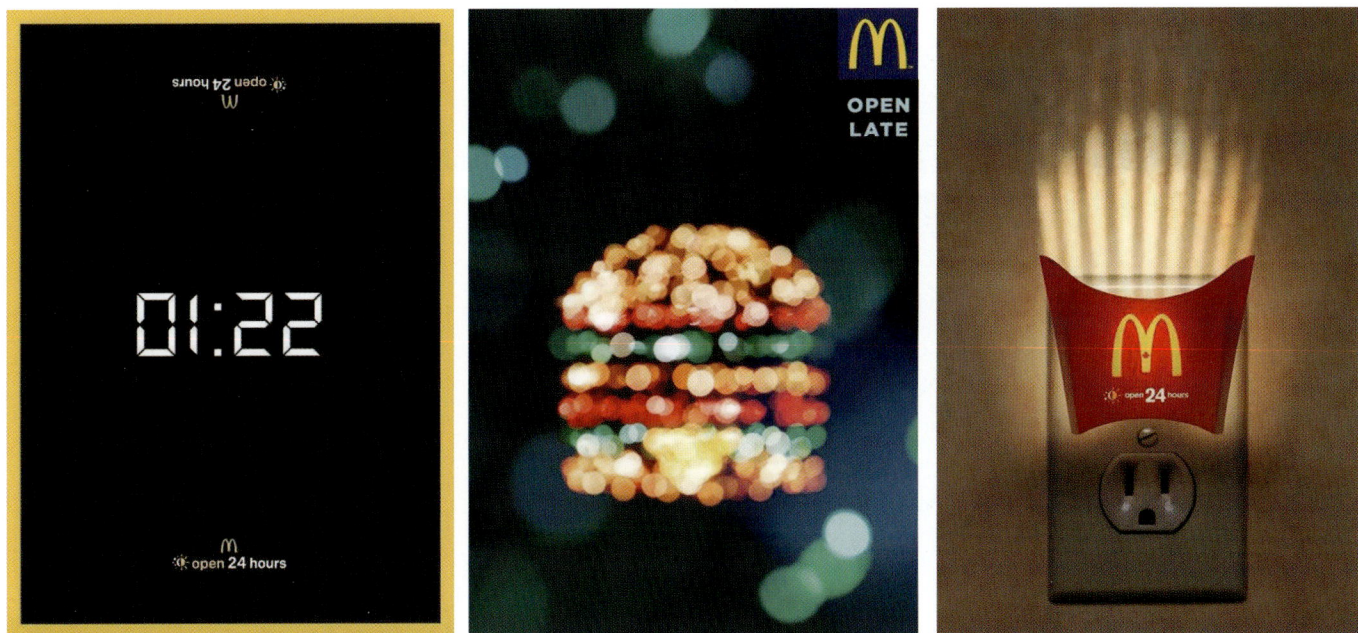

图 3-7　麦当劳广告

作品分析：图 3-7 所示的该组广告受众为"上班族"，运用明度的强烈对比来表现"24 小时营业"的设计主题。任务清单如表 3-3 所示。

表 3-3　任务清单

任务描述	广告市场调研			
任务目标	完成广告项目实施中期市场调研任务			
技能目标	1.提高团队协作能力。 2.提高调查能力。 3.提高资料搜集、整理及分析能力。			
团队		日期		
任务分配表	岗位	姓名	具体要求	备注
任务实施安排	任务分工内容	姓名	任务实施过程记录	备注

任务二　广告策划

广告策划是整个广告活动的一部分，是指设计团队根据广告主的营销计划和广告目标，在市场调查的基础上，制订出一个与市场环境、目标消费群、产品状态相适应的、经济有效的广告策划书，并加以评估、实施和检验，是一种设想和规划型活动。广告策划有其科学、规范的流程，一方面可以保证为广告主提供良好的服务，另一方面，也是开展后期广告设计创作的前提和先决条件。

图 3-8　法国依云矿泉水广告

作品分析：图 3-8 所示的依云矿泉水广告"Live young"（活得年青）主题与产品所宣传的"天然、年轻、健康"的调性相符合，幽默、滑稽的画面对消费者有强大的吸引力。

一个完整的广告策划书主要包括七个方面的内容：调查研究结果、广告整体策略、广告表现策略、广告媒体策略、促销活动策略、广告经费预算和广告效果测定。根据企业品牌及产品的具体情况，广告策划书的内容也会不同。广告策划能使广告准确有效地传播给预定的目标消费群，刺激消费者实施消费行为，实现广告目的。

广告策划书内容见表 3-4。

表 3-4　广告策划书内容

序　号	内　容	
一	前言	
二	调查研究结果	市场分析
		消费者分析
		产品分析
三	广告整体策略	广告目标
		广告受众定位
		广告诉求（广告主题）
		广告口号（品牌定位句）

序　号	内　容	
四	广告表现策略	广告表现的基础——VI
		品牌形象代言人
		广告风格
		系列广告的演绎
		年度广告设计策略单（广告设计项目清单）
五	广告媒体策略	消费者媒体接受习惯
		媒体分析与媒体组合
		媒体的市场区域、产品、季节分布
		广告媒体行程安排
六	促销活动策略	促销活动的诉求点
		促销活动的方式
		促销活动的开展区域
七	广告经费预算	主要包括市场调研费用、广告设计制作费用、广告媒体发布和使用费用、广告活动机动费用，还包括设备费、场景道具费、材料费、人工费、代理费等费用
八	广告效果测定	主要包括广告经济效果、心理效果和社会效果的测定

任务清单见表 3-5。

表 3-5　任务清单

任务描述	广告策划书撰写			
任务目标	完成广告策划书的撰写任务			
技能目标	1. 提高团队协作能力。 2. 提高资料搜集、整理及分析能力。 3. 提高写作能力。			
团队		日期		
任务分配表	岗位	姓名	具体要求	备注
任务实施安排	任务分工内容	姓名	任务实施过程记录	备注

广告案例："白加黑"感冒药

"白加黑"感冒药上市之前，市场上感冒药同质化严重，经过深入的市场分析和策划，设计团队提出了"白加黑"的独特销售主张。该主张看似简单，却使该药品上市仅180天销售额就突破了亿元，占据了15%的感冒药市场份额，创造了中国市场的销售奇迹。究其创意成功的原因，主要有以下几点：

（1）销售群体准确定位：将消费群体明确定位于 25 ～ 45 岁的城市"上班族"，抓住这类人的痛点问题，即白天工作压力大，需要缓解感冒症状，不能因瞌睡出现失误，而晚上需要好好休息，让白天有精力上班，并在此基础上提出了有效的解决方案。

（2）具有独特的销售主张（USP）："白加黑"的特点以及朗朗上口的"治疗感冒、黑白分明"和"白天不瞌睡，晚上睡得香"的广告语，形成了与其他同类产品有明显差异的销售，满足了目标消费群体的切身要求。

（3）塑造差异化产品形象："白加黑"感冒药所选择的黑白颜色与产品的功能非常贴切，进一步强化了与其他感冒药的差异性。

图 3-9 "白加黑"感冒药广告

作品分析：在图 3-9 所示的广告中，广告风格与广告语"黑白分明"高度吻合，进一步强化产品卖点。

任务三 广告创意

创意是广告的灵魂，在进行创意前，设计师需要围绕广告策划书，撰写广告创意简报。创意简报是设计师的创意索引，通常是由客户和广告公司共同完成，双方一致同意并提交给创意团队作为策略依据的计划。创意简报的样本如表 3-6 所示。

表 3-6 广告创意简报（样本）

项目名称：			工作编号：
品牌 / 产品：	下单时间：		交稿时间：
项目类型：□策略 / 推广方案 □公关及促销活动策划 □总创意 □营销口径优化 □营销脚本 □软文 □TVC □单张 □海报 / 红纸 □折页 □条幅 □广告牌 □报广 □网络广告 □其他：_____			
广告目的：（这个广告能做什么？引发什么？）			
品牌个性：（这个品牌长期以来的调性和给人的感受是什么？）			
竞争分析：（对手是谁？他们卖什么？）			

消费者情况（洞察、分析）
1.目标消费者分析（他们是一群什么样的人？）
2.消费者现在的态度（看到广告之前的常态是怎样的？）
3.消费者将来的态度（看到广告之后的变化是怎样的？）
4.单一诉求（创意钥匙或按钮，期望消费者对广告的反应点是什么？）
5.利益点（消费者凭什么相信你的讯息？突出重要利益点，弱化其他利益点。）
6.创作要求（风格和调性、限制条件等是什么？）
7.强调事宜（必要元素，如 VI、BI、渠道提示语、免责条款、广电法规等不可遗漏的信息，有哪些？）

创意简报完成后，开始进行广告创意。广告创意主要包括两部分的内容，一是广告图形的创意，二是广告文案的创意。

（一）广告图形的创意

图形是广告作品最核心的部分，在广告创意这一阶段，设计师要充分运用各种创意方法，利用思维导图或者头脑风暴畅想出图形创意关联词，并以此为依据，创造独特的视觉画面来准确传达设计信息。下面我们以全国大学生广告艺术大赛中的企业命题为例，从头脑风暴创意实践的角度来了解广告图形的创意过程。

头脑风暴创意实践主要包括四个步骤，如图 3-10 所示。

图 3-10　头脑风暴创意实践的四个步骤

（1）明确主题：明确头脑风暴训练的主题，即确定产品的 USP。主题的确定是为了让参与者围绕产品的 USP 进行有针对性的创想。

从图 3-11 所示的企业命题单中可以明确提取出爱华仕箱包 USP 是"时尚、个性"，一叶子熬夜精华的 USP 为"新鲜、有效"。

（2）自由畅想：以产品 USP 这一抽象的概念为中心，综合运用各种思维方式，并充分发挥联想和想象，迅速搜索大量相关创意关联词来表述 USP。创想不受任何限制，越独特越好，此时追求创意关联词的数量，数量多则取胜。

品牌名称	爱华仕箱包
品牌简介	爱华仕(OIWAS)成立于1995年,是一个专注于为消费者提供全方位生活旅行解决方案的中国箱包品牌,定位"中国匠品",以多功能、不怕摔、轻便的产品优势为用户打造潮流、休闲、商旅等多元化、个性化的箱包。旗下产品涵盖多个系列、多种品类,包含拉杆箱、背包等时尚年轻系列产品,同时还有母婴童包等产品,满足消费者多样化的出行需求。爱华仕门店遍布北京、上海、广州、深圳、香港、杭州以及海外500多个城市,20多年来持续保障用户的每一次生活旅程。 企业口号:"装得下,世界就是你的!"
产品信息	产品名称:爱华青年系列。 "爱华青年系列"产品包含行李箱和背包,是爱华仕为年轻人定制的时尚年轻态箱包产品。 产品标签:时尚、热血、自由、有趣。 行李箱特色:箱型年轻小巧,色彩鲜明,箱面光亮,四个颜色代表四种生活态度。 背包特色:外型潮酷,轻便包身,科技感皮膜面料及大容量的内里设计,使时尚感与功能性完美结合。 学生可在"爱华青年系列"的行李箱和背包两款产品中任选其一进行命题创作。
广告主题	年轻人的时尚出行装备
目标人群	18~24岁年轻人群
主题解析	中国新生代注重自我表达,对未知世界充满好奇,呈现出时尚消费的新观念、新行为和新文化现象。"为年轻一代提供有设计感、品质感、适合时尚出行的产品"是爱华仕实施市场细分化策略的初衷,更是"爱华青年系列"诞生的重要依据。产品旨在聚焦青年文化,鼓励新生代塑造独立自信的品质,勇敢表达年轻时尚的出行文化。 基于对青年潮流文化的洞察,进一步满足新生代表达时尚、注重体验的需求,以及"率真自我"的心理状态,"爱华青年系列"产品留有箱面空白,为追求时尚及个性的他(她)们带来广阔的自由创作空间。绚丽的色彩设计突出情感张力,在强化品牌调性的同时,完美诠释了新生代青春、阳光、时尚的出行态度,使"爱华青年系列"成为独一无二的时尚出行装备,让年轻人青春热血的生活旅程"特立,但不独行"。

产品信息	一叶子熬夜精华 60mL/瓶 产品全称:一叶子烟酰胺光感水润熬夜精华液。 产品亮点:熬夜急救,全脸发光,"颜值"超高的微晶花瓣。 产品功效:改善疲惫肌肤,调理肤色不匀。 ●匀肤色,速提亮:99.9%高纯度烟酰胺,无惧熬夜,倍速提亮。多维修护熬夜痕迹,从根源去黄提亮,淡化肤表瑕疵,肌底净透发光。 ●强维稳,护屏障:植物臻萃协同维稳,昼夜沁润滋养。含南非姜根提取物,稳定肌肤,保护屏障;库拉索芦荟提取物,镇定舒缓。 ●深透润,长滋养:微晶花瓣"锁鲜仓",含鲜活焕肤能量,一触即发。4D透明质酸+活性植物提取物,可层层渗透,沁润肌底。 产品荣誉: ●2021年度天猫金妆奖"年度TOP单品"。 ●曾在2020年4月,超越国际大牌,荣登天猫精华品类榜单"Top 1"。 新品创意开发(策划案): 围绕"熬夜党必备好物"的概念,进行一款或一系列全新产品创意开发。可对一叶子熬夜精华进行产品优化升级,或在水/乳/精华/面霜/面膜品类中,选择其中一项或全选,进行新品创意开发,与一叶子熬夜精华组成"熬夜系列"。
目标群体	18~24岁"Z世代"年轻群体

图3-11 全国大学生广告艺术大赛爱华仕箱包、一叶子熬夜精华的命题单

在这一步骤中,设计团队成员围绕前一步骤明确的产品USP,运用头脑风暴,进行创意关联词的创想,如图3-12和图3-13所示。

图 3-12　设计团队成员正在进行头脑风暴训练的自由畅想步骤

图 3-13　头脑风暴创意关联词

（3）讨论交流：参与者对已获得的诸多创意关联词进行充分讨论和交流，梳理、推演并框选最适合于创意的关联词，在此基础上进行深入的逻辑推理，不断完善接近创意目标。在前一步骤中，参与者围绕产品的 USP 进行了关联词创想，得到了大量的关联词，此时需要进行整理和分析，并依据产品的 USP 进行深入的逻辑推理，推演所联想的关联词，看哪个关联词最具独创性且能最恰当地传达产品 USP，同时是否具备后期深入创意的可行性。用于深入创意的关联词不必过多，但都须是精辟之词，含金量高。

谈论交流阶段是一个反复讨论、不断修正和完善的过程，也许会存在个人意见的不一致，但正是这些不一致产生思想的碰撞，这些碰撞能让创作者灵感及新点子不断涌现，直到找到最具新意的创意点。

图 3-14　设计团队成员进行讨论交流的场景

在讨论交流的过程（见图 3-14）中，设计团队成员对所联想的关联词进行梳理，并确定用于深入创意的关联词，以及讨论确定关联词的创意执行、关联词的视觉意象表现等后续工作。

（4）确定方案：将确定的关联词以产品 USP 相关的要求为前提，进行深入的联想和想象，使广告画面更加丰富、立体化，又能直接切中产品卖点要害。平面广告只需要创意单幅或系列画面方案即可，视频广告则需要确定广告脚本。脚本的写作有一定格式，细节也需要调整规范、专业，须将客户需求贯穿始终，即脚本内容根据不同客户的要求和特点，采取不同的创作形式。

例如，爱华仕箱包创意方案如图 3-15 所示；一叶子广告创意方案如图 3-16 所示。

爱华仕箱包创意方案

创意思路：利用插画的形式，彩色与黑色线描相结合，并运用不同颜色的箱包代表不同的人生态度：红色代表热情，为滑板青年；黄色代表文静善良，为插画师；蓝色代表追求自由、热爱旅行，为旅行家。将箱包的个性直接物化到代表的人群身上，体现箱包是有自己独立个性的，并且可以打造独一无二的特点。

圈定关联词：滑板(个性青年)、插画(女插画师)、旅行(旅行家)。

创意画面一：滑板篇
滑板青年系列：服饰超酷、个性鲜明的热血青年与箱包站立在一起，采用插画风格，箱包上有 Q 版的自己在创作，拿着油漆桶，借助梯子、绳子、举重机等丰富工具进行创作。

创意画面二：插画师篇
插画师女孩跪坐在箱子上，仔细描摹自己的箱子，还有 Q 版的自己在帮忙打下手。场景设置在云中，Q 版的小插画师用降落伞、直升机等工具为女孩送颜料。

创意画面三：旅行家篇
追求自由的旅行家，身边被交通工具还有不同空间的景致围绕，同样，会有 Q 版的旅行家在他的箱子上贴代表到达目的地的旅行地图贴纸。

图 3-15　爱华仕箱包创意方案

一叶子广告创意方案

产品 USP：新鲜更有效

作品围绕"新鲜更有效"这一品牌理念进行创作。将产品创意性地与夜行动物进行结合，让消费者联想到使用一叶子熬夜精华后能够不惧熬夜，有效地缓解熬夜带来的不良影响。描绘草本森林的景象，给人清新、愉悦的感受，从中体现产品含有新鲜植物成分。表现方式上采用国风插画的创意手法，贴合"Z世代"年轻群体的审美喜好，以达到更好的广告传播效果。

场景一：用中心式构图方式，将夜行动物与产品一同置于画面中心的位置，在颜色的选取上选用原材料中芦荟的颜色作为主色调，为了使画面不过于花哨，使用同类色对画面进行填充，达到既丰富又统一的效果。

场景二：用中心式构图方式，将人们印象中凶猛的蛇的形态进行柔和处理，增添亲和、友善的感觉。颜色上将原材料中银耳的颜色作为主色调，用同类色进行填充。

场景三：用中心式构图方式，在对猫头鹰的刻画上，着重体现鸟类羽毛丰富的层次感，将羽毛分为大小不一的许多块面。颜色上将原材料中生姜的颜色作为主色调，并运用同类色进行填充。

图 3-16　一叶子广告创意方案

（二）广告文案的创意

文案在广告中起明确指引的作用，优秀广告文案对于任何媒体而言，都是非常重要的。首先要确定广告标题。标题能说明或丰富画面的含义，迅速传达广告的设计理念和产品相关信息。广告标题要简洁明快，能准确传达产品的 USP，吸引和打动受众。其次是广告语。广告语的创意要贴合品牌个性，将广告信息压缩成精练、便于记忆且表现产品特性或企业理念的句子，以帮助消费者理解品牌内涵。最后是广告正文。广告正文是说明广告主题、讲述品牌或产品 USP 的全面信息，正文的写作风格应符合受众群体的特征。

总之，广告文案创意时要注意概括、选择、锤炼，其要点如图 3-17 所示。

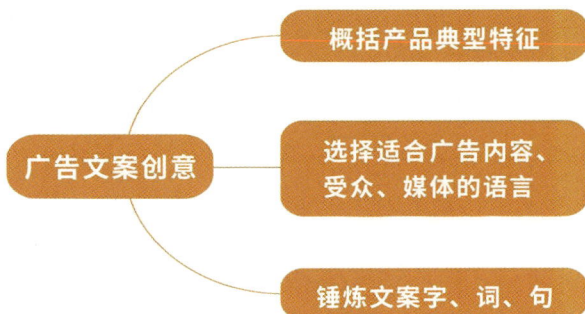

图 3-17　广告文案创意要点

任务清单如表 3-7 所示。

表 3-7　任务清单

任务描述	广告创意			
任务目标	完成广告的创意任务			
技能目标	1.提高团队协作能力。 2.提高创新设计能力。 3.提高讨论交流能力。			
团队		日期		
任务分配表	岗位	姓名	具体要求	备注
任务实施安排	任务分工内容	姓名	任务实施过程记录	备注

任务四　广告制作

广告制作主要包括初稿绘制、电脑后期制作以及媒体发布三部分内容。其中，媒体发布也可划归项目实施后期。

（一）初稿绘制

在头脑风暴结束、创意方案已经确定后，就要开始广告创意初稿的绘制。初稿的绘制要求主次分明，尽可能地体现广告设计主题，同时能够准确表达产品 USP 信息。若为视频广告要绘制图形脚本。图形脚本一般绘制关键帧处的 4～6 幅画面，再制作相对复杂的脚本电子稿来阐述设计想法。脚本一定要清晰体现设计师的设计思路和独特的创意。（见图 3-18 至图 3-20）

图 3-18　爱华仕箱包平面广告的创意线稿

图 3-19　一叶子平面广告的创意线稿

图 3-20　一叶子平面广告的创意初稿

（二）电脑后期制作

根据广告创意与产品的个性特征，可利用各种现代设计工具、技术手段及广告艺术表现方法等制作富有艺术表现力、感染力强的广告作品。

广告作品的电脑制作是指，在创意草图的基础之上，利用电脑进行广告作品的完稿设计和制作，此时需要充分利用各种表现手法，力求作品画面层次丰富、视觉效果强烈。在这一过程中，还需要根据不同广告发布媒介的特征来进行广告作品的制作，才能使广告信息的传递发挥最大效应，产生预期效果。相较于平面广告，视频广告的制作过程更复杂，在创意脚本的基础上，要进行特定人物或场景的拍摄以及广告后期特效、画外音、音乐、剪辑等制作。

图 3-21　爱华仕箱包平面广告电脑终稿

作品分析： 图 3-21 所示的广告围绕产品 USP，立意准确，创意独到，同时视觉表现形式丰富，视觉整体效果好，感染力强，能够很好地调动受众的情绪，使受众接收到设计信息。

图 3-22　一叶子平面广告电脑终稿

作品分析： 图 3-22 所示的广告围绕产品 USP，立意准确，创意独到，同时视觉表现形式丰富，视觉整体效果都是非常好的，感染力强，能够很好地调动受众的情绪，传达设计信息。

任务清单见表 3-8。

表 3-8　任务清单

任务描述	广告制作			
任务目标	完成广告制作任务			
技能目标	1. 提高团队协作能力。 2. 提高广告手绘能力。 3. 提高广告后期制作能力。			
团队		日期		
任务分配表	岗位	姓名	具体要求	备注
任务实施安排	任务分工内容	姓名	任务实施过程记录	备注

任务五　客户审查

在整个广告活动中，与客户的沟通和交流是必不可少的，通常主要在以下几个阶段中需要和客户沟通并获得客户的确认后才能进行后期的工作：

（1）项目分析阶段，需要与客户就广告设计目的、企业情况等进行交流。

（2）广告策划阶段，就市场调研结构及广告策划书中相关内容（如广告主题、广告定位、受众定位、广告创作计划、媒体策略、广告预算等诸多内容）与客户进行沟通交流，并获得客户书面签字确认。

（3）广告创意阶段，就创意方案与客户交流，需客户书面签字确认。

（4）广告初稿阶段，由客户审查初稿，提出修改意见并书面签字，广告公司根据客户提出的意见进行分析、完善形成终稿。

（5）广告终稿阶段，由客户审查定稿，并书面签字确认。广告设计阶段工作到此告一段落。

（6）媒体发布阶段，需要与客户沟通，客户书面签字并确认媒体组合计划、媒体发布具体时间、媒体发布经费预算等内容。

项目7　项目实施后期

项目描述

项目实施后期主要包括广告媒体发布以及广告效果测定，是广告活动的末端，也是广告活动接受社会和消费者检验、广告主实现广告目的的重要环节。

项目目标

1. 价值塑造

培养团队合作意识。

2. 知识学习

（1）理解并掌握广告媒体发布相关知识；

（2）了解广告效果测定相关知识。

3. 能力培养

（1）具有掌握广告媒体发布知识的能力；

（2）具有团队协作的能力。

任务一　媒体发布

随着社会经济以及现代科学技术的高速发展，广告的传播媒体也日渐丰富和多样化。广告媒体主要分为传统媒体和数字媒体两大类，其中传统媒体包括电视、电影、广播、报纸、杂志、海报、户外传统媒体等，数字媒体包括数字户外和互联网媒体。多样化的广告媒体可以通过富有创意的信息传播形式达成企业与受众之间的沟通。在现代社会，不同广告媒体之间的整合策略正凸显出越来越强大的商品信息传播作用，可以利用最佳的广告媒体组合来顺利传达产品相关信息。

（一）媒体选择

要顺利达成广告目标，就需要根据客户广告目的、要求等制定合理的广告媒体策略。广告媒体策略一般从以下几个内容入手（见图3-23）：

（1）确定目标受众。不同的受众有不同的媒体使用习惯，如年轻人喜欢网络，老年人喜欢报纸、书籍等。确定目标受众前，需要进行统计调查，分析不同人群的媒体使用习惯，并以此进行初步的媒体选择与评估。

（2）确定广告区域。广告媒体从区域上划分有全国性媒体和地方性媒体，不同媒体广告发布费用差异较大，如图3-24和图3-25所示。应根据广告主的媒体预算，选择合理的媒体组合策略。一般可以选择全国性媒体，同时重点加强销售地区的媒体广告投放力度。在产品没有销售的地区做广告，则一般是为培养、开拓新市场做准备，为产品在该地区的上市造势。

图 3-23　广告媒体策略主要考虑的几个内容

频道	时段名称	播出时间	2022年刊例价格/(元/天)				
			5秒	10秒	15秒	20秒	30秒
CCTV-1 综合 单点	《朝闻天下》后	约08:32	38,000	55,000	68,000	92,000	123,000
	《生活圈》节目中插	约09:20	29,000	44,000	54,000	74,000	98,000
	第一精选剧场	约11:04	39,000	60,000	75,000	102,000	134,000
	《新闻30分》前	约11:54	56,000	86,000	108,000	146,000	193,000
	《新闻30分》后	约12:32	63,000	96,000	119,000	162,000	214,000
	《今日说法》后	约13:06	56,000	85,000	106,000	144,000	190,000
	第一情感剧场	约15:50	36,000	55,000	69,000	93,000	124,000
	第一动画乐园	约17:12	35,000	52,000	65,000	88,000	116,000
	18点精品节目前	约17:58	45,000	66,000	83,000	112,000	148,000
	《晚间新闻》后	约22:40	75,000	112,000	138,000	188,000	249,000
CCTV-1 综合 组合套	旗舰频道旗舰套（8次/天）	08:32、09:23、11:04、13:06、15:50、17:12、17:58、22:40	213,000	326,000	408,000	—	816,000
	MINI套（4次/天）	08:32、11:04、13:06、17:12	115,000	173,000	216,000	—	431,000
	新闻超值套——A（3次/天）	12:32、9:23、17:12	102,000	154,000	191,000	—	382,000
	新闻超值套——B（3次/天）	11:54、9:23、17:12	96,000	146,000	182,000	—	364,000

图 3-24　2022 年 CCTV-1 全天时段广告刊例价格表

广告时段		播出时间	5秒	10秒	15秒
白天	7:00之前节目	7:00之前	5200	9100	13000
	偶像独播剧场一	约7:30-9:00	6400	11200	16000
	偶像独播剧场二	约9:00-10:00	8600	15050	21500
	偶像独播剧场三	约10:00-11:00	13200	23100	33000
	偶像独播剧场四	周一至周五约11:00-12:10	15000	26250	37500
	偶像独播剧场五/周间午间综艺	周一至周五约12:30-13:30	18000	31500	45000
	偶像独播剧场六、七	周一至周五约13:30-16:00	15000	26250	37500
	周间16点档	周一至周五约16:00-18:00	12800	22400	32000
深夜	零点档	约00:00-01:00	8600	15050	21500
	1:00以后节目	01:00之后	5200	9100	13000
周末白天	偶像独播剧场四/周末午间综艺	周六周日约11:00-12:30	22000	38500	55000
	周末12点档	周六周日约12:30-14:20	22000	38500	55000
	周末14点档	周六周日约14:20-16:10	22000	38500	55000
	周末16点档	周六周日约16:10-18:00	22000	38500	55000
傍晚	18点档节目普播	18:00-18:29	12000	21000	30000
	A段	约18:29	12000	21000	30000
	黄金时刻	18:59	20000	35000	50000
周间晚间	730节目带普播	周一至周四19:30-20:00	34000	59500	85000
	《金鹰独播剧场》一片头	周一至周四约20:00，周五至周日约19:30	47200	82600	118000
	《金鹰独播剧场》一片尾/二片头	周一至周四约21:00，周日约20:40	60800	106400	152000
	《金鹰独播剧场》二片尾	周一至周四约21:55	56000	98000	140000
	周间22点档节目插播	周四约22:00-23:50	30000	52500	75000
周末晚间	《快乐大本营》插播	周六约20:20-22:00	128000	224000	320000
	《天天向上》插播	周五约22:00-23:50	60000	105000	150000
	周五黄金档节目插播	周五约22:00-22:00	70000	122500	175000
	《向往的生活》插播	周六约20:20-22:00	106000	185500	265000
	周六22点档季播节目插播	周六约22:00-23:50	60000	105000	150000
	周日黄金节目插播	周日约22:00-22:00	60000	105000	150000
	周日22点档普播	周日约22:00-23:50	43200	75600	108000

段位		播出时间	5秒	10秒	15秒
《万家灯火》/《约见名医》/纪录片		5:00-6:30	4300	7800	11500
影视剧及白天节目（含栏目复播，周一至周五）		7:20-18:00	8500	16400	23500
双休白天（周六、周日）除《非诚勿扰》精华版以外		7:20-18:00	14500	27500	39000
《非诚勿扰》复播（周末）		约12:30-14:00	17000	32000	46000
《新闻眼》（周日为《时代问答》）《江苏新时空》		18:00-18:55	19000	36000	52000
A段广告		18:55-19:00	19000	36000	52000
《幸福剧场》两集（一周13集，周六一集）	一集前	19:30-19:35	72600	126500	181500
	一集前/二集前	20:00-20:30	88700	166000	242000
	二集后	21:05-21:30	88700	166000	242000
《周末季播》（周五、六、日）	节目中播	晚间		季播价	
《非诚勿扰》（周六）套播	首播1条 20:30-22:00 复播一条 当晚或次日凌晨 复播二1条 周末白天		103000	205000	280000
周间节目时段一（周一至周四）	节目中播	21:10-23:00	60000	110000	150000
周间节目时段二（周一至周四）	节目中播	23:00-24:00	14500	27500	39000
影视剧、栏目精华版、纪录片		24:00-05:30	4300	7800	11500
《江苏天气预报城市版》		约18:50	40万元/月		

图 3-25　2022 年湖南卫视、江苏卫视广告招商价格表

（3）确定广告排期。广告排期是指根据广告经费预算和媒体信息传播有效性来合理安排广告发布时间、播放时段、次数、持续时长、频率以及各媒体发布顺序等，如广告在电视媒体上每天什么时段、播出多少次以及播出频道的工作时限，等等。特别重要的广告应预定好发布时间和版位。广告排期示例见图 3-26。

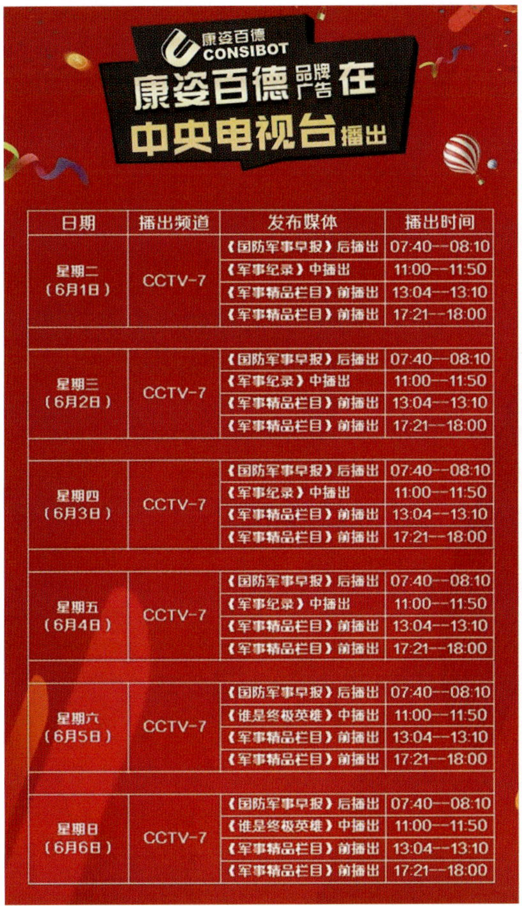

图 3-26　康姿百德企业 2021 年 6 月上旬在 CCTV-7 广告排期

（4）确定预算分配。预算分配有两种方法。一是金额分配法（the dollar allocation system），根据各区域广告费投放量比例来定。比如西南地区广告费投放量为全国的30%，则该区域广告媒体费用的投放也是总费用的30%。二是视听众暴露度分配法（the impression allocation system），该方法按市场目标的比例在各个不同区域分配视听众暴露度。如西南地区的销售目标占全国市场的30%，则该地区视听众暴露度应达到总视听众暴露度的30%。

（二）媒体发布流程和形式

广告的媒体发布需按照一定的流程进行：

（1）与广告主签订媒体费用支付合同。

（2）对所选择的媒体版面、时间以及空间进行购买。

（3）进行广告的正式发布与监督实施。

（4）搜集反馈信息，以便评估广告效果，及时完善媒体方案。

媒体发布可采用不同形式，如图3-27所示。

集成灶上市公司在传统营销媒介方面主要采用明星代言、央视以及高铁广告投放的形式	
企业名称	明星代言与广告投放情况
火星人	2014年，火星人在央视投放广告，口号是"集成灶，就是火星人"
	2014年，火星人厨具在《东方时空》《共同关注》《中国新闻》进行广告投放
	2015年，火星人广告登陆北京卫视黄金时段，在《全是你的》项目中惊艳亮相
	2019年，火星人在全国30个省、263个高铁站用636块LED大屏投放广告
	2019年，火星人签约黄磊作为品牌代言人，并登上《向往的生活》；持续在CCTV-4《中国新闻》《新闻联播》等进行广告投放
浙江美大	2012年，签约张嘉译为品牌代言人，在央视推广
	2015年，美大集成灶加盟央视《回家吃饭》节目
	2017年，美大成功签约获得全国20多条高铁线路冠名权，涵盖20多个省区、400多个城市
	2020年，持续在央视《海峡两岸》《中国新闻》《共同关注》栏目投放全年性广告；持续冠名20多条高铁专列线路，并在160多个高铁站投放大型LED广告
帅丰电器	2010年，签约海清为品牌代言人，在央视进行广告投放
	2015年，帅丰冠名CCTV-2《消费主张》特别节目《消费测试体验报告》
	2017年，帅丰投放《深夜食堂》爱奇艺、腾讯双平台网络广告
	2018年，帅丰冠名高铁帅丰号专列G1347，涵盖中国最繁忙的京沪线、京沪杭线、沪昆线等多条线路
	2020年，新增20组和谐号高铁列车冠名，线路覆盖全国
亿田智能	2014年，签约林志颖代言，并在央视投放广告
	2014年，亿田集成灶广告开始在北京、广州、深圳三大高铁站铺开
	2016年，广告覆盖主要城市的八条动脉高铁线、52班次列车
	2017年，品牌广告登陆央视《今日亚洲》《中国新闻》《回家吃饭》《共同关注》等栏目

资料来源：公司招股说明书，头豹研究院，东方证券研究所

图3-27 集成灶企业不同广告媒体发布形式

任务二　效果测定

广告效果的测定通常可以分为三个方面，即广告传播效果的测定、广告销售效果的测定和广告社会效果的测定，如图 3-28 所示。

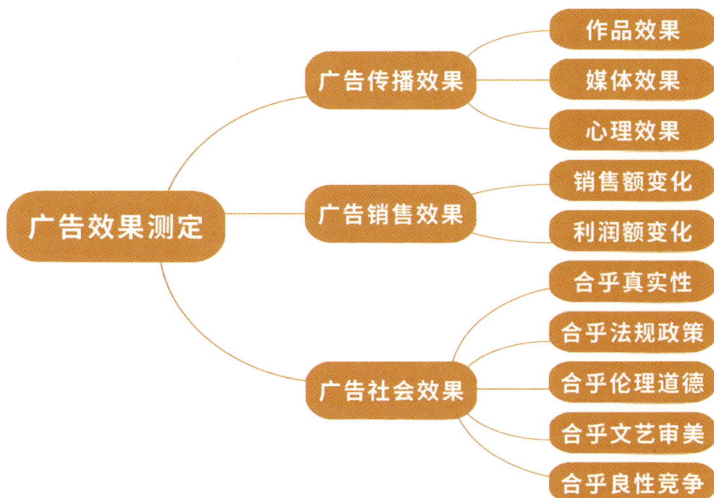

图 3-28　广告效果测定的三方面

（一）广告传播效果的测定

（1）广告作品效果的测定：一个有效的广告作品能够成功影响消费者心理，并引导消费者朝着既定的广告目标转变。该项测定的主要内容是广告作品的主题、创意、文案、艺术表现等方面，测定后需根据消费者的意见，选择和修改广告作品。

（2）广告媒体效果的测定：通过调查消费者对媒体的接受情况，对媒体分布、媒体的受众群和广告的受众群三方面进行调整，考察媒体受众群与广告受众群之间的关联，以便做出更精确的媒体计划。

（3）广告心理效果的测定：主要针对消费者对广告内容的感知、记忆、思维、情感体验和态度倾向等方面效果进行测评，包括注意率测评、记忆度测评、态度改变测评、唤起购买行为测评等。

（二）广告销售效果的测定

广告销售效果的测定主要是指调查广告发布前后购买情况的变化，以事后购买率和事前购买率之差评价广告销售的效果。主要包括：

（1）销售额变化。

（2）利润额变化。

（三）广告社会效果的测定

广告的发布不仅会影响社会道德、文化、教育等方面，同时还会对消费者心理、审美、价值观、消费行为以及产品市场销售、竞争环境等产生潜移默化的影响。在测定广告社会效果时，要把握以下几个方面：

（1）合乎真实性。

（2）合乎法规政策。

（3）合乎伦理道德。

（4）合乎文艺审美。

（5）合乎良性竞争。

G

模块四
实战正面交锋

广告是信息传达的重要手段，但并不是把企业或产品原版信息直白告知消费者，而是通过专业性极强的创造性思维和创新的视觉元素展示信息。在学习和借鉴国内外众多广告设计公司创作的优秀广告作品的基础上，模拟广告公司框架、组建广告设计团队并积极参与广告项目设计和实践，可以极大地提高大学生专业素养和广告创新设计能力，为创新创业人才的培养以及与社会优秀广告人才要求的无缝对接夯实基础。

项目8　公益类平面广告设计

公益广告是为社会公众服务的非商业广告，是不以营利为目的的广告活动，在社会发展的进程中发挥了重要的道德和思想教育作用。世界各国都会在不同时期根据需要创作公益广告，以达到为社会公益事业服务的重要作用。

项目描述

本项目为"我们有信仰"公益平面广告设计，以"我们有信仰"为设计主题，聚焦青年大学生这一群体，以青年群体喜欢的2.5D插画形式，来表达公益广告所需宣传的三方面内容：青年有信仰、奋进新青年和接力写青春。作品2.5D造型结构合理，视觉元素饱满、色调丰富，对设计主题的表达准确，正能量的宣传极具感染力。

项目目标

1. 价值塑造

（1）培养团队合作意识；

（2）培养积极向上精神。

2. 知识学习

理解并掌握公益类平面广告设计相关知识。

3. 能力培养

（1）熟练掌握公益类平面广告设计流程；

（2）熟练掌握公益类平面广告创意方法、广告表现方法；

（3）熟练掌握利用各种现代技术手段进行广告制作的方法；

（4）具有团队协作的能力。

任务一　任务分工

项目开始前，应对项目各项任务进行梳理，合理分配任务。合理的人员分配是非常有必要的，不仅能更好地锻炼团队合作能力，同时还能提高工作效率，利于项目任务后期的顺利开展。

任务分工表如表 4-1 所示。

表 4-1　任务分工表

任务描述	"我们有信仰"公益广告创作			
任务目标	完成任务分工以及作品的设计和制作			
团队		日期		
任务分配表	岗位	姓名	具体要求	备注
任务实施安排	任务分工内容	姓名	任务实施过程记录	备注

任务二　任务步骤

（一）项目分析

（1）广告要求：该项目以"我们有信仰"为创作主题，回顾并歌颂青年英雄楷模的光辉事迹，呼唤新时代青年奋发有为、接续奋斗，践行"强国有我"的铮铮誓言，并围绕以下几个方面进行创作：①青年有信仰，讴歌、铭记无数舍身为国的青年英雄楷模的光辉事迹；②奋进新青年，发掘当下青年励志故事，传播正能量，勾勒时代风貌；③接力写青春，牢记初心使命，用行动践行责任，"强国由我答卷"。广告采用传统印刷媒体形式发布。

（2）广告目的：传达"我们有信仰"公益主题，号召青年用行动践行"强国有我"铮铮誓言。

（3）广告受众：青年大学生群体。

（二）设计调研

围绕本次公益广告的目的开展前期的调研。

（1）调研时间：4 学时。

（2）调研地点：各大高校。

（3）调研对象：大学生。

（4）调研方法：问卷调查、访谈、邮件等。

（5）调研内容：

①对广告受众青年大学生群体进行调研，了解大学生对公益广告的认知。

②就大学生群体对广告设计主题"我们有信仰"的相关理解进行调研，包括对习近平总书记在中国共青团成立 100 周年大会上的讲话的理解，对新时代新青年精神、责任、担当的理解。

③对大学生心理特征、行为特征、生活习惯，尤其是公益广告接受程度、审美观念、媒体阅读习惯等，进行调研。

④对社会相似主题公益广告发展现状进行调研，了解其设计风格、图形运用、色彩运用以及版式设计、媒体使用情况等。

不同省、市政府以"人民有信仰"为主题，创造了丰富多样、广受人民喜爱的公益广告，如图4-1所示。

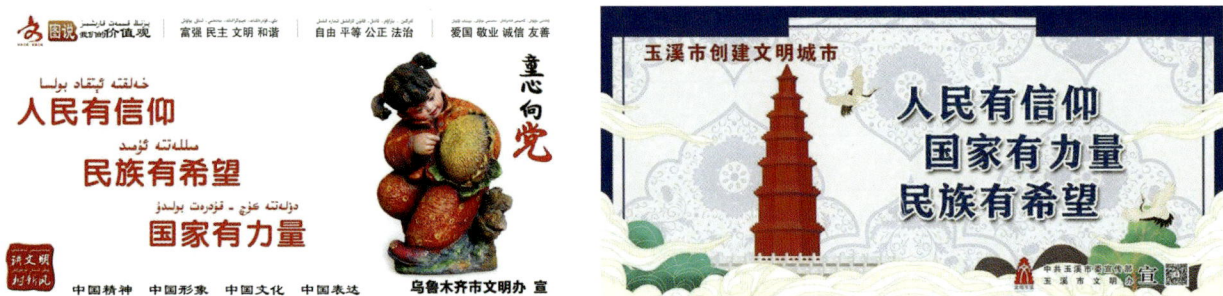

图4-1　不同城市"人民有信仰"公益广告

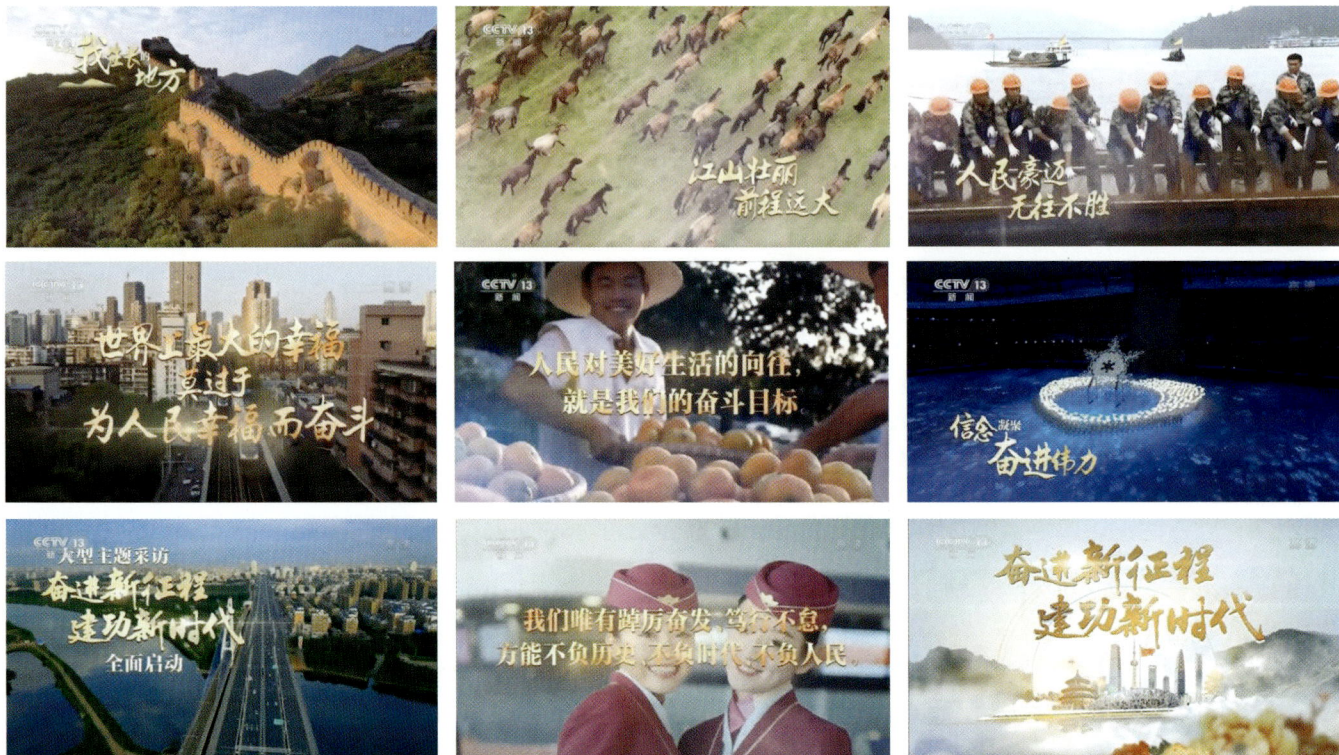

图4-2　CCTV-13"奋进新征程、建功新时代"公益广告

作品分析：图4-2所示的公益广告以"奋进新征程、建功新时代"为主题，展示了祖国日新月异的变化以及人民的美好生活，激励各族人民团结一心"奋进新征程、建功新时代"。

⑤在调研的基础上写出广告策划书，明确广告主题、广告目标、广告定位、广告受众定位、广告口号、广告风格、系列广告的演绎，以及确定广告媒体的策略。

（三）创意构思

以广告设计主题"我们有信仰"及广告设计的三方面要求为设计依据，开展广告创意头脑风暴或者进行创

意思维导图绘制（见图4-3），创想与"有信仰""新时代""新青年"相关的创意关联词，在这一过程要运用各种思维方法充分联想和想象，关联词越多越好。

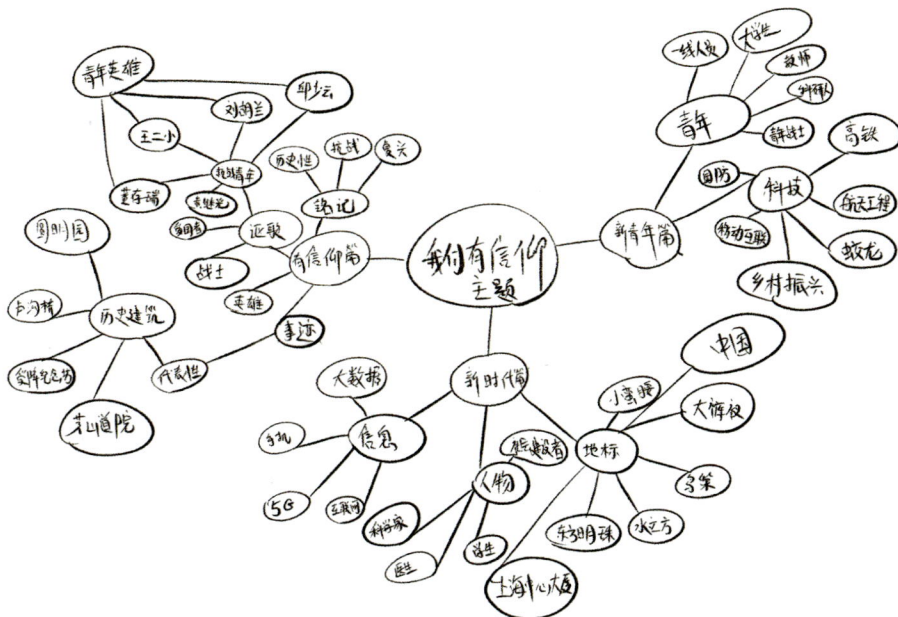

图4-3　"我们有信仰"公益广告创意思维导图

头脑风暴或创意思维导图绘制工作结束后，团队讨论交流，梳理、推理关联词，根据设计主题和要求，框选最适合于创意的关联词，并最终确定广告系列创意方案，如图4-4所示。

"我们有信仰"创意方案

创作思路：围绕"我们有信仰"设计主题，以青年大学生喜欢的2.5D插画风格来表现主题的三个关联词：信仰、新时代和新青年。场景对应代表性的建筑，整体配色激扬奔放，符合主题感情基调。

圈定关联词：有信仰（讴歌英雄）、新时代（时代建设者）、新青年（青年强国新征途）。

创意画面一："有信仰"篇
　　以"有信仰"三字的2.5D设计为框架，人物元素设计以刘胡兰、王二小、董存瑞为原型，讴歌过去的英雄。场景对应有代表性的建筑，如卢沟桥、圆明园、受降纪念坊、茅山道院等。整体颜色偏玫红，该色彩属性寓意为英勇奋战的抗战青年英雄以青春血性，担起民族复兴大任。

创意画面二："新时代"篇
　　以"新时代"三字的2.5D设计为框架，人物元素设计基于当代年轻人在科技强国路上的探索场景，建筑是具有代表性地标建筑，如鸟巢、广州电视塔、上海东方明珠、水立方等。整体颜色为橙色，橙色是欢快活泼的光辉色彩，是暖色系中最温暖的色，是一种国家迈向富足、快乐而幸福的颜色。

创意画面三："新青年"篇
　　以"新青年"三字的2.5D设计为框架，人物元素设计主要体现当代大学生学习中践行青春誓言的场景，呼吁大学新青年明确人生理想，练就本领，也暗示国防科技、航天工程、移动互联等强国建设在新青年的践行中迈向新征途。色彩采用橘红色，是幸运色，象征着好运，代表着吉祥安康。

图4-4　"我们有信仰"公益广告创意方案

（四）设计制作

方案确定后，开始进入广告的线稿创作，如图 4-5 所示。在绘制过程中，图形的描绘要求尽可能详细全面，不能过于简略和潦草，否则无法准确传达广告作品相关信息。

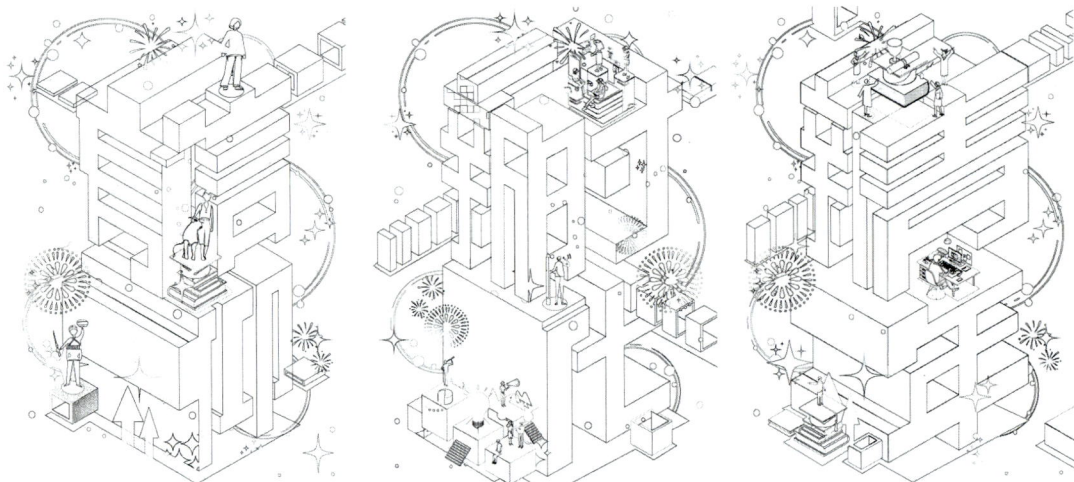

图 4-5　"我们有信仰"公益广告创意线稿

线稿完成后，进行广告作品的初稿创作，如图 4-6 所示。这一步骤主要包括上色及广告文案的字体、颜色、字号等视觉设计、位置编排以及整个作品版面的布局。画面中图形、色彩和文字各元素安排布局应合理，主次分明，重点突出，各元素共同作用传达作品信息。

图 4-6　"我们有信仰"公益广告创意初稿

（五）客户审稿

客户审稿是广告初稿创作后必不可少的步骤，为避免后期修改工作量巨大，初稿完成后，需要让客户审查稿件，询问客户的意见和想法。通常客户会反馈是否满足最初的创意要求、哪里需要修改和调整等多方面问题和要求。这些问题和要求都需要双方互相沟通、交流清楚，便于后续广告修改和完善。对于本项目初稿，需完善的地方包括：由"有信仰"、"新时代"和"新青年"文字形成的 2.5D 造型比较简单，与广告主题的紧密度还需加强；围绕主题，画面中可以增加一些装饰元素，以丰富画面。

（六）修改定稿

围绕客户提出的修改意见，团队深入讨论并逐步提出修改方案，合理分工，对初稿进行修改及完善（见图4-7），直至定稿（见图4-8）。

（1）丰富2.5D文字造型，适当增加不同时代典型建筑，更贴切广告主题。

（2）增加广告标题、广告语与广告文案，辅助图形更准确传达每一幅作品的信息以及广告主题。

（3）根据每幅作品表达的内涵，采用适宜的色彩设计。

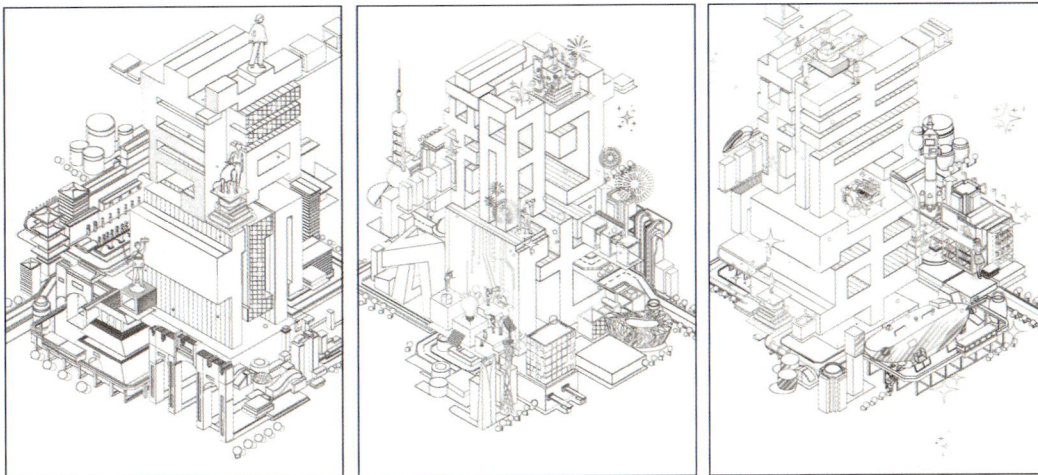

图4-7　"我们有信仰"公益广告修改稿

图4-8　"我们有信仰"公益广告终稿

作品分析： 图4-8所示的公益广告以2.5D插画形式展示了当代大学生对"我们有信仰"的理解，插画内容丰富，色彩调性准确，版面布局结构合理，具有较强的设计美感，很好地传达了广告设计主题。

任务三　任务评价

任务评价是项目中必不可少的一部分。教师、学生个人以及团队客观公正地评价所完成的广告设计任务，不仅可以对学生所做工作进行肯定，还可以在评价的过程中，让学生对整个设计项目过程有全面了解和清晰的认识，并能提高团队成员的责任心、辨析事物能力以及团队协作能力。

项目评分表如表 4-2 所示。项目综合评价表如表 4-3 所示。

表 4-2　项目评分表

班级		团队名称			姓名		学号	
项目内容		"我们有信仰"公益广告						
评价项目		评价标准		分值	个人自评		团队互评	教师评分
考勤（5%）		无迟到、早退、旷课情况		5				
工作过程（30%）	工作态度	工作态度是否端正、不怠工、不推诿		5				
	工作能力	能否体现较强的工作能力		5				
	团队合作	能否积极配合团队成员开展团队合作任务		10				
	任务创新	完成任务时是否具有创新性		10				
项目效果（65%）	项目分析	对项目的各内容分析是否准确、全面、客观		5				
	设计调研	调研方法是否正确，资料搜集是否全面、仔细，资料整理分析是否科学、客观		10				
	广告策划书	广告策划书撰写是否符合规范，内容是否全面，是否具有指导意义		10				
	创意构思	创意是否新颖、具有独创性，是否关联广告主题		15				
	设计创作	广告作品中图形、色彩、文案之间是否融洽、共同准确传达设计主题，三要素之间的编排布局是否具有设计美感，画面是否具备较强的视觉冲击力，是否能熟练运用计算机进行辅助设计		20				
	印刷成品	印刷成品效果是否和电脑效果图一致，文字、图案等是否存在色差，印制效果是否精良		5				
总分				100				
教师评语								

表 4-3　项目综合评价表

项目占比	个人自评分（10%）	团队互评分（30%）	任课教师评分（60%）	综合得分（100%）
分值				

任务四　任务总结

项目所有任务完成后，团队成员需对所完成任务进行总结，并形成总结报告。总结报告主要内容包括：任务完成情况总体说明，实施过程中各阶段存在的主要问题或不足以及采取的有效解决措施和方案，项目收获及感悟等。

项目 9　饮料类平面广告设计

近年来，随着国民经济的持续稳定增长，人们收入的不断提升，以及消费者消费观念的改变和消费结构的升级，我国饮料行业呈现良好的发展趋势，市场涌现了众多饮料品牌，饮品种类也不断丰富，如包装饮用水、碳酸饮料、特殊用途饮料、茶饮料、果汁饮料，等等。据统计，至 2021 年底中国饮料类累计零售额达到 2808 亿元（见图 4-9），比 2020 年同期累计增长 20.4%。

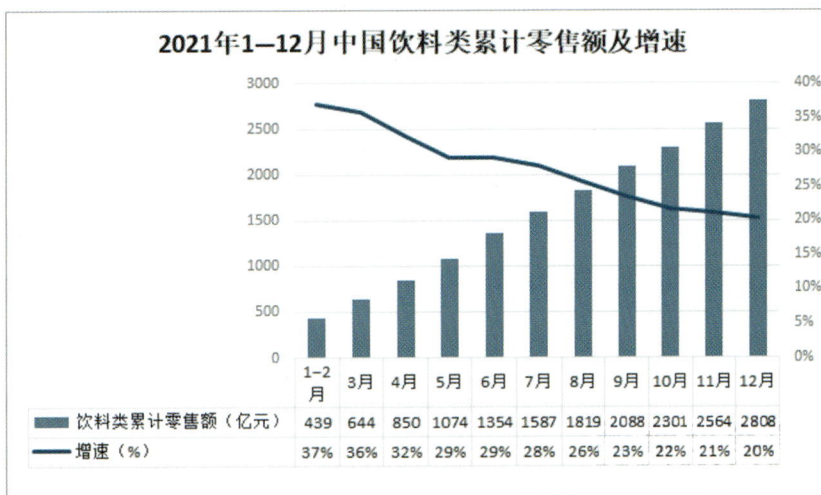

2021年1—12月中国饮料类累计零售额及增速

饮料类累计零售额（亿元）	1-2月	3月	4月	5月	6月	7月	8月	9月	10月	11月	12月
饮料类累计零售额（亿元）	439	644	850	1074	1354	1587	1819	2088	2301	2564	2808
增速（%）	37%	36%	32%	29%	29%	28%	26%	23%	22%	21%	20%

图 4-9　2021 年中国饮料类累计零售额及增速（资料来源于国家统计局，智研咨询整理制图）

面临多元化且日趋激烈的竞争态势，各饮料企业在进行品牌创新的同时，还须利用广告对饮料进行宣传和推广。位居 2021 年饮料十大品牌榜前三的可口可乐、康师傅与农夫山泉企业，对广告投放也是不遗余力的，都希望利用丰富广告媒体组合来形成强大的广告效应，吸引消费者购买产品。

项目描述

本项目为非常可乐平面广告设计。非常可乐于 1998 年推出，作为中国人自己的经典国货，陪伴了国人二十多年。2021 年，非常可乐联名敦煌 IP 推出油柑、话梅两大全新口味，并以全新的形象正式回归。本项目就以"非常时刻，非常可乐"为设计主题，聚焦青年群体，以"中国人自己的可乐"产品定位为出发点，从聚餐解腻、欢聚同乐以及休闲畅饮三个不同的场景来进行产品广告的创作，以达到突出产品定位、提升产品在目标群体中的知名度和好感、促进产品销售的目的。

项目目标

1. 价值塑造

（1）培养团队合作意识；

（2）培养不断探索的精神。

2. 知识学习

理解并掌握饮料类平面广告设计相关知识。

3. 能力培养

（1）熟练掌握饮料类平面广告设计流程；

（2）熟练掌握饮料类平面广告创意方法、广告表现方法；

（3）熟练掌握利用各种现代技术手段进行广告制作的方法；

（4）具有团队协作的能力。

任务一　任务分工

项目开始前，梳理各项任务，并进行合理的人员分工。

任务分工表如表 4-4 所示。

表 4-4　任务分工表

任务描述	非常可乐平面广告创作			
任务目标	完成任务分工以及作品的设计和制作			
团队		日期		
任务分配表	岗位	姓名	具体要求	备注
任务实施安排	任务分工内容	姓名	任务实施过程记录	备注

任务二　任务步骤

（一）项目分析

（1）广告主的基本信息：非常可乐是娃哈哈旗下饮品。娃哈哈创建于1987年，现已经发展成为一家集产品研发、生产、销售为一体的大型食品饮料企业集团。公司产品涵盖包装饮用水、蛋白饮料、碳酸饮料、茶饮料、果汁饮料等十余类200多个品种。非常可乐是娃哈哈在广泛市场调研的基础上，根据中国人的口味研制的可乐型碳酸饮料，含气量高，口感好，不添加任何防腐剂，更符合现代消费心理。非常可乐以"中国人自己的可乐"为广告语，通过一系列的广告营销活动，年销售额保持在20～30亿美元，与可口可乐、百事可乐形成三足鼎立的局面。

（2）广告要求：围绕产品调性与广告目的，联名敦煌IP，设计一款或系列创意平面广告。

（3）广告目的：突出产品定位，在目标人群中塑造有产品调性的个性形象；提升产品在目标人群中的知名度与好感度，吸引消费者购买。

（4）广告受众：青年群体。

（5）产品调性：国货、国潮、快乐、分享。

（二）设计调研

围绕广告目的开展前期调研。

（1）调研时间：4学时。

（2）调研地点：各大超市、高校等地。

（3）调研对象：大学生、售货员、超市老板等。

（4）调研方法：问卷调查、访谈、邮件等。

（5）调研内容：

①对广告受众青年群体进行调研，了解青年对可口可乐产品以及其他同类产品的认知，并对青年群体心理特征、行为特征、生活习惯，尤其是可乐购买习惯、广告审美观念、媒体阅读习惯等，进行调研。

②对市场饮料销售的社会环境和自然环境进行调研，尤其是可乐类产品的销售现状，深入掌握可乐市场的供求状况、竞争格局以及可乐市场发展动态等。

③对娃哈哈企业以及非常可乐产品进行调研，了解其品牌历史、生产数量、产品外观、产品特点，尤其是产品的USP，同时还需调研市场上的竞争者以及同类产品，如百事可乐、可口可乐等，了解这些竞品的销售现状，明确自己产品的竞争优势，即有哪些能够提供给消费者的独特利益点。

④搜集竞争对手之前发布的广告与广告效果、广告投放以及市场的反馈情况等，同时搜集非常可乐产品之前发布的广告作品等，可以为后期广告的设计和创作提供借鉴和思考。

作品分析： 图4-10所示的广告作品利用麦当劳、云狄斯、汉堡王三家快餐店汉堡的包装纸褶皱形成百事可乐的logo，旨在加强"不管你在吃哪款汉堡，百事可乐都无处不在"的印象，并传达"吃汉堡，还是配我们百事可乐最好"的广告信息。

图 4-10　百事可乐广告《better with Pepsi》

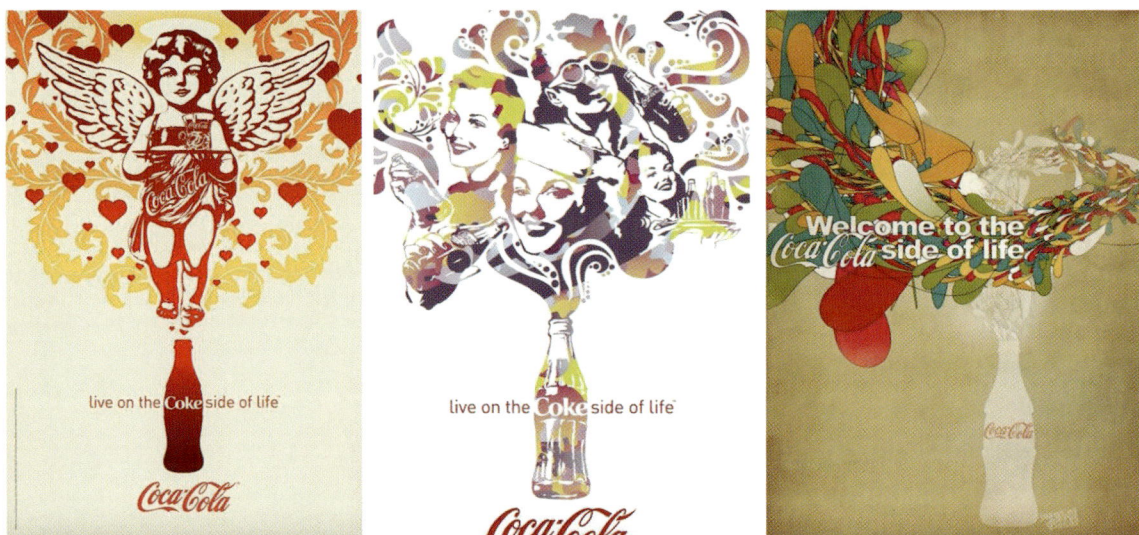

图 4-11　可口可乐广告《live on the Coke side of life》（生活中的"可乐"一面）

作品分析：图 4-11 所示的广告传达了可口可乐可让生活中充满欢声笑语的广告信息。

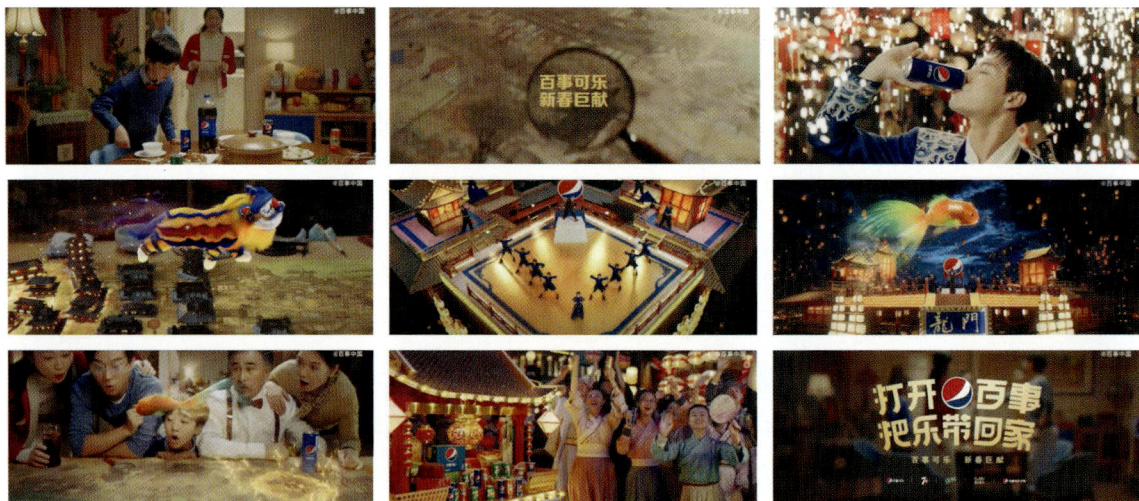

图 4-12　百事可乐广告《2022，祝您百事可乐》

作品分析：图 4-12 所示的广告以中国传统新年为载体，呈现了一幅幅传统新年欢庆热闹的新春场景，传达"打开百事，把乐带回家"的设计主题。

图 4-13　可口可乐广告

作品分析： 图 4-13 所示的广告通过二维漫画形式宣传展示新无糖可口可乐值得品尝的信息。

⑤敦煌 IP 调研。因与敦煌 IP 联名，作品中需要体现敦煌元素，因此需要对敦煌的代表性纹样以及艺术特征等进行调研，需进行资料的搜集、整理和分析，并提取有利于表达产品卖点的元素。（见图 4-14 和图 4-15）

图 4-14　敦煌调研采集的部分纹样及色彩提取

图 4-15 敦煌调研采集的部分飞天形象

⑥在调研的基础上写出广告策划书（见图 4-16），主要明确以下内容：

广告目标：结合非常可乐采取的品牌动作与核心卖点，进行创意与内容创作，帮助非常可乐在竞争激烈的碳酸饮料市场占领一席之地。

产品定位：中国人自己的可乐。

产品卖点：为经典国货产品，联名敦煌博物馆推出油柑、话梅两大全新口味，0 糖 0 卡，畅饮无负担，符合中国人自己的口味。

广告受众定位：年轻群体。

广告 slogan：非常时刻，非常可乐。

广告风格：联名敦煌 IP，打造国货、国潮风。

广告媒介：为平面印刷广告。

图 4-16 非常可乐广告策划书"产品分析"内容

（三）创意构思

广告应围绕产品卖点——联名敦煌 IP 推出全新口味，并结合广告 slogan 绘制广告思维导图（见图 4-17），创想与"非常时刻，非常可乐"主题相关的视觉意象关联词。在这一过程中一定要充分运用各种思维方法，发挥联想和想象，关联词越多越好。

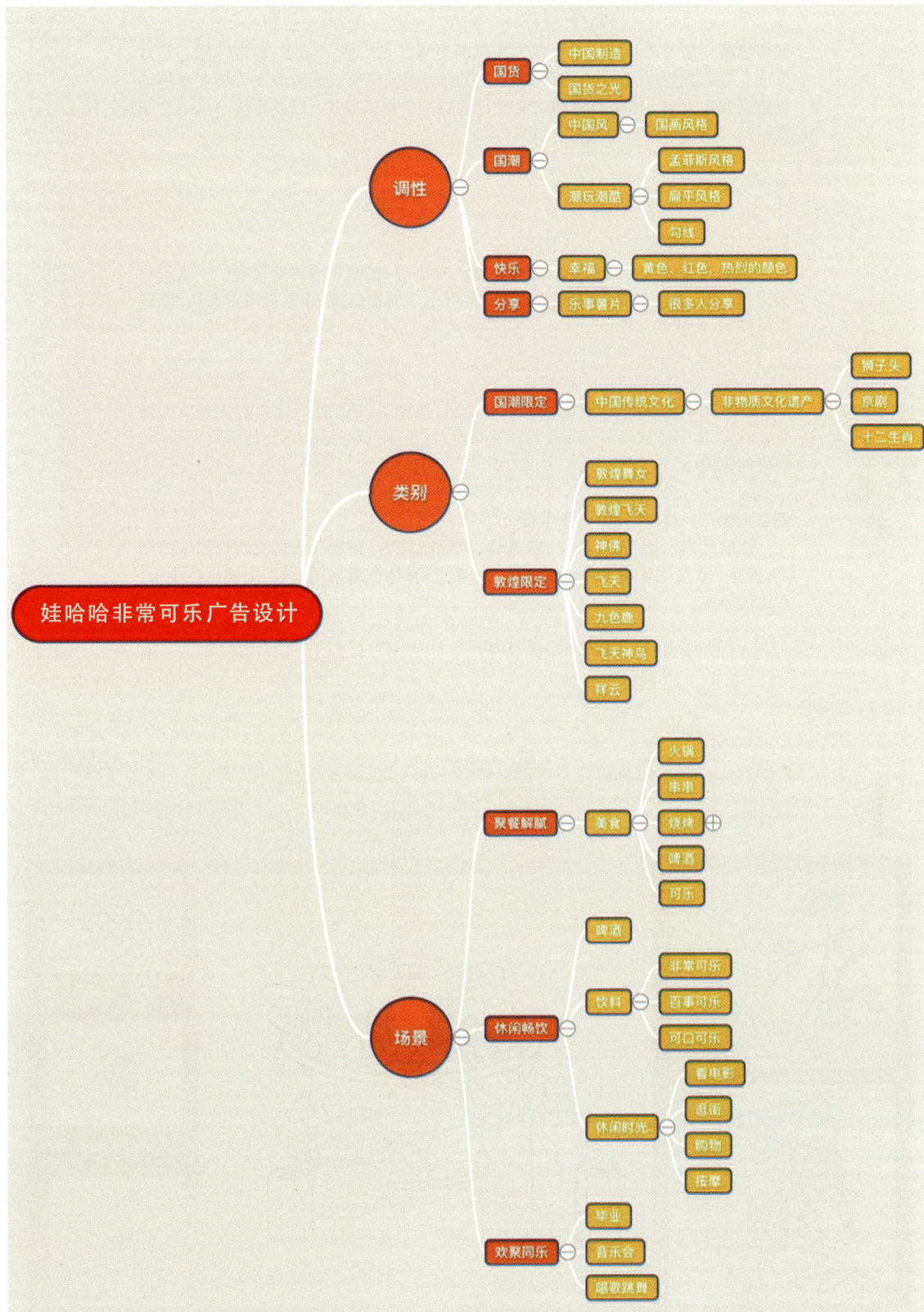

图 4-17　非常可乐广告创意思维导图

创意思维导图绘制工作结束后，团队讨论交流，梳理、推理关联词，根据设计主题和要求，框选最适合于创意的关联词，并最终确定广告系列创意方案，如图4-18所示。

"非常时刻，非常可乐"创意方案

创作思路： 结合产品定位"中国人自己的可乐"及广告slogan"非常时刻，非常可乐"，联名敦煌IP，并用年轻群体喜欢的国潮风格来表现敦煌飞天舞女穿越到现代聚餐吃火锅、休闲购物和欢聚听音乐的三个欢乐场景，以此传达"每一个非常时刻，都有非常可乐相伴"的设计主题。

圈定关联词： 聚餐火锅、休闲购物、欢聚同乐。

创意画面一：聚餐解腻 · 火锅篇
　　提取元素包括火锅、串串、烧烤、可乐、啤酒等，描绘飞天舞女聚餐——欢乐吃火锅的场景，表达"聚餐解腻离不开非常可乐"的卖点。整体色彩采用大红，能够烘托快乐、欢庆的氛围。

创意画面二：休闲畅饮 · 购物篇
　　提取元素包括可乐、逛街、购物、看电影、按摩等，描绘飞天舞女休闲畅饮的场景，表达"休闲畅饮离不开非常可乐"的卖点。整体色彩采用大红，能够烘托快乐、欢庆的氛围。

创意画面三：欢聚同乐 · 音乐篇
　　提取元素包括可乐、毕业、音乐会、唱歌跳舞等，描绘飞天舞女欢聚同乐的场景，表达"欢聚同乐离不开非常可乐"的卖点。整体色彩采用大红，能够烘托快乐、欢庆的氛围。

图4-18　非常可乐广告创意方案

（四）设计制作

非常可乐广告创意方案确定后，开始进行广告线稿创作。在线稿的绘制过程中，图形的描绘要求尽可能详细、全面，不能过于简略和潦草，否则无法准确传达广告作品相关信息。（见图4-19和图4-20）

图4-19　非常可乐广告提取元素创意线稿

图 4-20 非常可乐广告创意线稿

线稿完成后，进行广告的初稿创作。这一步骤重点考虑如何提取敦煌典型色彩，并将之运用到画面中去，通过不同场景色彩的设计，烘托画面气氛和突出广告主题及风格。（见图 4-21）

图 4-21 非常可乐广告创意初稿

（五）客户审稿

初稿完成后，需要让客户审查稿件，询问客户的意见和想法。对于本项目初稿，需完善的地方包括：广告画面文案仅有产品名称，对主题的表达不够精准，需围绕主题，对广告文案再做深入的考虑，使广告文案能够准确、快速传达设计主题和产品卖点相关信息。

（六）修改定稿

围绕客户提出的修改意见，团队深入讨论并逐步提出修改方案，合理分工，对初稿进行修改及完善（见图

4-22），直至定稿（见图4-23）。

（1）增加广告标题、广告语与广告文案，辅助图形更准确传达每一幅作品的信息以及广告主题。在设计的过程中思考文案字体、颜色、字号等视觉设计、位置编排以及整个作品版面的布局，画面中图形、色彩和文字各元素安排布局合理，主次分明，重点突出，各元素共同作用，传达作品信息。

（2）根据作品表达的内涵，结合敦煌国潮风的色彩特征，进行色彩细节上的调整和完善。

图4-22 非常可乐广告修改稿

图4-23 非常可乐广告终稿

作品分析：图4-23所示的广告基于产品卖点，采用敦煌国潮插画形式展示不同场景。画面色彩调性准确，文案紧扣卖点，版面布局结构合理，具有较强的设计美感，能够让受众快速接收广告信息。

任务三 任务评价

同样，本项目需要进行任务评价。项目评分表及项目综合评价表如表4-5和表4-6所示。

表 4-5　项目评分表

班级		团队名称		姓名		学号	
项目内容		非常可乐广告					
评价项目		评价标准		分值	个人自评	团队互评	教师评分
考勤（5%）		无迟到、早退、旷课情况		5			
工作过程（30%）	工作态度	工作态度是否端正、不怠工、不推诿		5			
	工作能力	能否体现较强的工作能力		5			
	团队合作	能否积极配合团队成员开展团队合作任务		10			
	任务创新	完成任务时是否具有创新性		10			
项目效果（65%）	项目分析	对项目的各内容分析是否准确、全面、客观		5			
	设计调研	调研方法是否正确，资料搜集是否全面、仔细，资料整理分析是否科学、客观		10			
	广告策划书	广告策划书撰写是否符合规范，内容是否全面，是否具有指导意义		10			
	创意构思	创意是否新颖、具有独创性，是否关联广告主题		15			
	设计创作	广告作品中图形、色彩、文案之间是否融洽、共同准确传达设计主题，三要素之间的编排布局是否具有设计美感，画面是否具备较强的视觉冲击力，是否能熟练运用计算机进行辅助设计		20			
	印刷成品	印刷成品效果是否和电脑效果图一致，文字、图案等是否存在色差，印制效果是否精良		5			
总分				100			
教师评语							

表 4-6　项目综合评价表

项目占比	个人自评分（10%）	团队互评分（30%）	任课教师评分（60%）	综合得分（100%）
分值				

任务四　任务总结

项目所有任务完成后，团队成员需对所完成任务进行总结，并形成总结报告。

项目 10　服装类短视频广告设计

服装可指衣服鞋帽装饰品的总称，通常主要指衣服。我国服装行业细分领域众多，包括男装和女装、运动服和休闲服等，导致我国服装企业众多，市场竞争激烈。随着竞争的不断加剧，中国服装行业已经从以外延扩张式为主的快速发展阶段步入以内生式为主的优化发展阶段。国家统计局数据表明，2021 年 1—11 月我国服装类零售值达到了 8906.10 亿元（见图 4-24），同比增长 12.7%，预计我国服装产量将进一步上升。

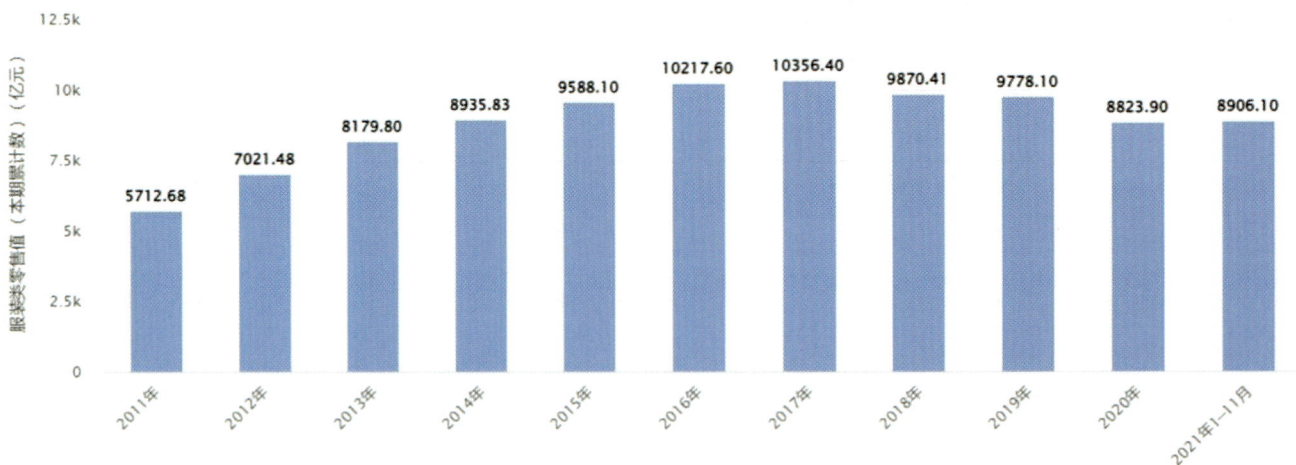

图 4-24　2011—2021 年中国服装类零售值变化情况（资料来源于国家统计局，华信咨询整理制图）

2021 年，面对错综复杂的外部发展环境，我国服装消费需求也不断转向时尚、文化、品牌、形象的消费，服装行业迈向数字化转型。据调查分析，未来服装市场将向消费者靠近，优化消费者体验将成为越来越多企业的追求。因此，广告及广告创意令服装产品、消费者和市场联通的作用日益凸显。

本项目为优衣库文创 T 恤 UT 系列短视频广告设计，以"UTme！"为设计主题，进行 UT 系列 T 恤图案设计及短视频广告设计。

项目目标

1. 价值塑造

（1）培养团队合作意识；

（2）传承优秀传统文化。

2. 知识学习

理解并掌握服装类短视频广告设计相关知识。

3. 能力培养

（1）熟练掌握服装类短视频广告设计流程；

（2）熟练掌握服装类短视频广告创意方法；

（3）熟练掌握利用各种现代技术手段进行短视频广告制作的方法；

（4）具有团队协作的能力。

任务一　任务分工

项目开始前，梳理各项任务，并进行合理的人员分工。

实战任务单如表 4-7 所示。

表 4-7　实战任务单

任务描述	优衣库文创 T 恤 UT 系列短视频广告设计			
任务目标	团队合作完成优衣库文创 T 恤 UT 系列短视频广告			
团队		日期		
任务分配表	岗位	姓名	具体要求	备注
任务实施安排	任务分工内容	姓名	任务实施过程记录	备注

任务二　任务步骤

（一）项目分析

（1）广告主的基本信息：优衣库（UNIQLO）建立于 1984 年，是家喻户晓的服饰品牌，秉承"LifeWear"

（服适人生）理念，始终把服务消费者放在首位，全心全意向所有人提供优质服装和服务，希望给人们的生活带去舒适、快乐和幸福感。近30年，优衣库积极经营，融合科技、艺术、文创以及可持续发展理念，在中国180多个城市直营860多家店铺，将全球先进的优质商品和创新服务体验，带给更多城市和消费者。

（2）广告要求：基于放大产品本身、卖点、概念、促进销售而制作短视频广告，时长30秒或以内。

（3）广告目的：突出产品定位，在目标人群中塑造有产品调性的个性形象；提升产品在目标人群中的知名度与好感度，吸引消费者购买。

（4）广告受众：年轻群体。

（5）产品调性："UT"是时代文化的产物，不仅是T恤，是艺术创作的载体，更是一种表达自我的方式和生活态度。UT系列是优衣库经久不衰的文创产品。时至今日，UT已经成了一种文化符号。

（二）设计调研

围绕优衣库短视频广告的目的开展前期的调研。

（1）调研时间：4学时。

（2）调研地点：服装专卖店、超市、高校、写字楼等地。

（3）调研对象：服装销售、超市老板、大学生、刚参加工作的年轻群体等。

（4）调研方法：实地调研、问卷调查、访谈、邮件等。

（5）调研内容：

①对广告受众年轻群体进行调研，了解年轻人对优衣库服饰的认知，并对年轻群体心理特征、行为特征、生活习惯，尤其是服饰购买习惯、广告审美观念、媒体阅读习惯等，进行调研。

②对市场服装销售的社会环境和自然环境进行调研，尤其是服装类产品的销售现状，深入掌握服装行业市场的供求状况、竞争格局以及服装市场发展动态等。

③对优衣库品牌企业以及产品进行调研，了解其品牌历史、生产数量、产品外观和产品卖点（尤其是产品的USP），同时还需调研市场上的竞争者以及同类产品，如ZARA、GAP、H&M等，了解这些竞品的销售现状，明确自己产品的竞争优势，即有哪些能够提供给消费者的独特利益点。

④搜集竞争对手之前发布的广告及广告效果、广告投放以及市场的反馈情况等，同时搜集自身品牌之前发布的广告作品等，可以为后期广告的设计和创作提供借鉴和思考。

图4-25　ZARA天猫双十一宣传广告

作品分析：ZARA是全球著名的青年"快时尚"品牌，图4-25所示的广告简洁明了，符合年轻群体的审美习惯。

图 4-26　GAP 平面广告

作品分析：以价格合理、式样简洁的休闲服装为代表的 GAP 深受普通年轻人的喜爱，图 4-26 所示的广告进一步强化了该产品休闲、享受自然、舒适生活的理念。

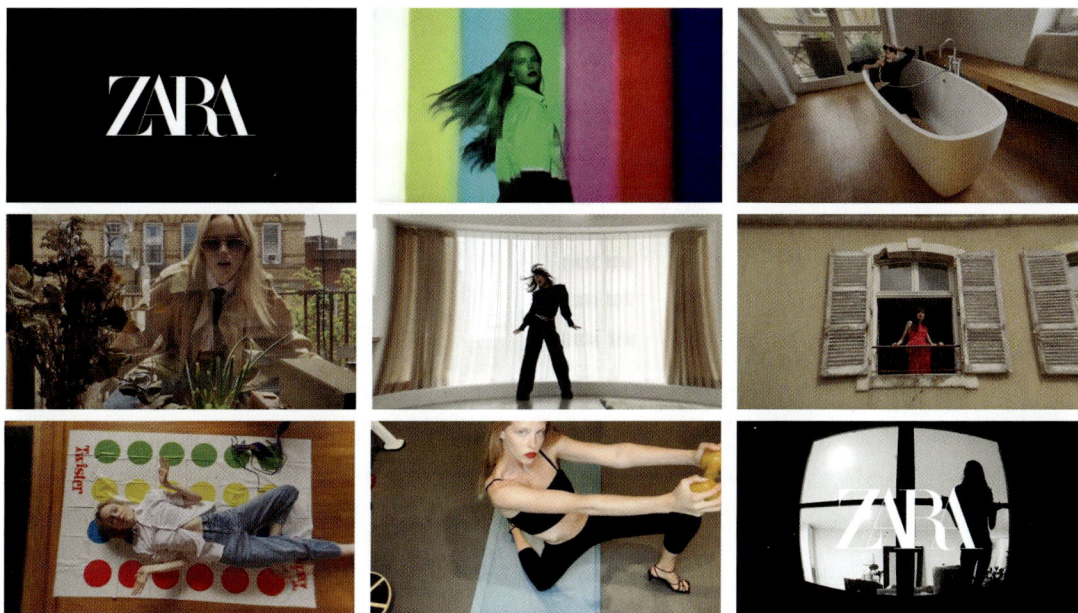

图 4-27　ZARA 广告

作品分析：图 4-27 所示的广告通过个性化青年群体人物的呈现，来表明产品时尚、个性的调性。

（三）策划书撰写

在前期调研的基础上写出广告策划书（见图 4-28），主要明确以下内容：

广告目标：洞察年轻消费者，用年轻人欣赏的本地文化特征去放大"UTme！"，通过新颖的创意让年轻人深入了解产品，将该产品提升为贴合潮流与艺术的有力产品。

广告主题：优衣库文创 T 恤，"穿 UT 趣创造，做个有点意思的年轻人"。

产品定位："UTme！"代表表达自我的方式和生活态度的个性化定制服务。

产品卖点："UTme！"定制化服务，为年轻群体提供个性化本土 T 恤创作图案。

广告受众定位：年轻群体。

广告风格：个性、本土、时尚、创造。

广告媒介：短视频，时长 30 秒或以内。

图 4-28　优衣库广告策划书部分目录

（四）创意构思

在创意构思之前，设计团队与客户共同探讨创意简报的设计和制作，图 4-29 所示的问答式的创意简报可为设计师的创意构思指明方向。

Q：为什么要做广告？
洞察年轻消费者，让年轻人深入了解产品。通过新颖的想法让所选产品类别提升为会被年轻客群考虑为贴合潮流与艺术的有力产品。招募"有意思"的年轻人对产品进行演绎，产生视觉作品，人人都有机会成为我们的年轻代言人。
与年轻消费者共创。以"UTme！"作为一个聚拢年轻人的文化平台，结合中国年轻人特点和本地创意，用年轻人欣赏的本地文化特征去放大以"UTme！"的形象创造设计的内容。赋能年轻人，展现他们的个性。

Q：我们产品的卖点是什么？
充满乐趣与想象力，年轻潮流。要体现2022年重点合作IP（图案T恤、图案卫衣）的内容、故事、画面的丰富性以及与年轻文化的相关性。

Q：主要消费人群是哪些？
18~25岁大学生、大学毕业生。

Q：消费者的需求是什么？
年轻潮流，彰显审美品位，表达专属情怀。

Q：本产品和竞争品牌的区别是什么？
本产品是源自生活需求而发祥的服装，讲究细节的服装，简约且完美搭配任何风格的服装，不断进化、持续创新的服装，为所有人打造的高质量服装。

图 4-29　优衣库广告创意简报

在创意简报的指引下，围绕优衣库的卖点并结合广告年轻群体的特征，进行创意思维导图推导训练，如图

4-30 所示。

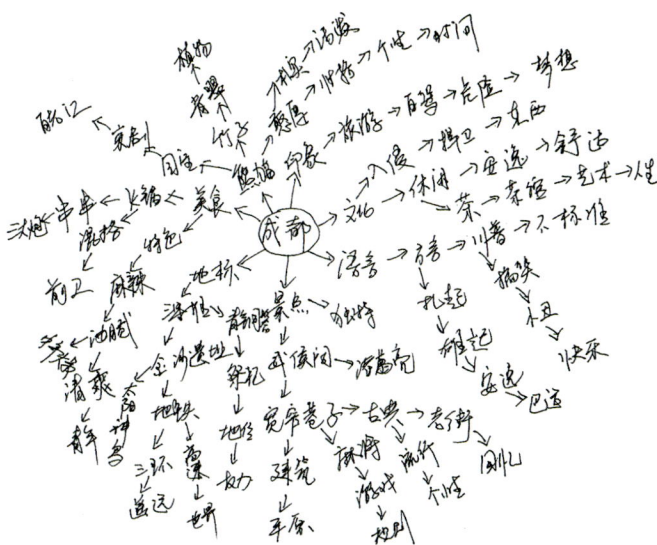

图 4-30　优衣库广告创意思维导图

创意思维导图训练结束后，团队讨论交流，梳理、推理关联词，根据设计主题和要求，确定短视频广告创意思路，并最终确定广告关键帧画面方案。（见图 4-31）

优衣库短视频广告关键帧创意确定

创意思路：本次设计总体思路为，依托成都本土特色文化，进行成都文创 T 恤图案设计及短视频广告设计。文创 T 恤图案采用插画的形式，塑造具有四川典型地域特色的个性化 IP 形象川剧熊猫：妖艳动人的粉色熊猫是爱打麻将、爱饮茶的形象，火爆脾气的熊猫是爱吃火锅的形象，调皮好动的爱耍熊猫是畅游成都特色景点的形象。通过 IP 川剧熊猫以及地方方言的设计展示成都浓郁的地域特色。短视频广告采用绚丽的色彩搭配，通过本土个性化 T 恤的穿插画面，加上音乐节奏的卡点，增加时尚的动态视觉效果，更好地凸显"UTme！"为年轻群体定制本土个性化 T 恤图案的卖点。

确定关联词：成都特色文化、成都特色美食、成都地标建筑。

关键帧画面一：川剧熊猫双手擒拿麻将，像一位忍者，调皮好动，同时加入成都特色茶文化活动场景，头顶文案成都方言"雄起"，强化图案的地域性。
关键帧画面二：脾气火爆的川剧熊猫，爱吃火锅，吃好的时候会不自觉地发出一句"安逸"。
关键帧画面三：活泼好动的川剧熊猫，调皮爱玩，喜欢去各种特色景点游玩，如杜甫草堂、宽窄巷子、武侯祠、成都环球中心等，同时加入成都特色语言"好耍"。

图 4-31　优衣库广告创意方案

（五）创作脚本

在前期创意方案的基础上，开始创作分镜头脚本，如图 4-32 所示。脚本设计是体现广告叙事语言风格、构架故事逻辑、控制节奏的重要环节，是将文本转换为立体视听形象的中间媒介。脚本中应尽可能详细地用文字或图片展示广告的内容。脚本的写作有规范的格式，一般包括镜号、景别、画面描述、旁白、镜头运动、时长、备注等。分镜头脚本内容非常重要，基本决定了后期拍摄和制作的内容，接下来所有的工作都是执行脚本的过程。脚本制定后需要交由客户签字确认，确定创意方向、拍摄内容和配音文字等。这一时期如果双方沟通不畅、遗留一些问题，极易导致后期补镜、改配音等，进而影响广告的顺利制作和出品。

配合脚本，还应制作相关线稿及进行图案设计，如图 4-33 至图 4-35 所示。

优衣库分镜头脚本

镜号	景别	时长	画面描述	镜头运动	备注
C1	全景	2s	虚化的三个熊猫由左至右、由右至左交替、倾斜布满整个画面	静止	
C2	全景	2s	红底白色文案"UTX 川剧 PANDA 有趣的搭配等你来探索"出现	静止	文案由小变大出现，随即平行闪出画面左侧
C3	全景	2s	三个熊猫闪入画面	静止	熊猫由右往左依次并排在画面中
C4	近景	3s	虚化的三个京剧熊猫以及提取的火锅、麻将、武侯祠图案作为背景布满整个画面，前景依次出现个性定制的黑色、浅黄色和蓝色 T 恤	推进	不同颜色的 T 恤出现方位不固定，随机
C5	近景	2s	火锅熊猫由远及近，由小变大，闪入画面正中央，两件蓝色 T 恤由左往右闪入画面，置于熊猫图案前面，后消失在画面中	推进	
C6	近景	3s	线稿的麻将熊猫由远及近，由小变大，一个变成两个布满画面左右两侧，白色 T 恤闪入画面正中央，后三者朝四周同时闪出画面	推进	白色 T 恤由下往上闪入画面正中央
C7	近景	2s	线稿的麻将熊猫由远及近，由小变大，从画面中央闪到画面左侧，黑色 T 恤闪入画面正中央，后消失	水平右移转场	黑色 T 恤由左至右闪入画面正中央
C8	全景	4s	线稿的火锅熊猫由左至右、由右至左交替、倾斜布满整个画面作为背景，白色 T 恤在画面中央由小变大出现，随即朝下闪出画面	静止	
C9	全景	2s	红底白文案"UTX 川剧 PANDA 有趣的搭配等你来探索"从画面中央由小变大出现，随即朝左闪出画面	水平左移转场	白色背景
C10	特写	4s	优衣库标志、标准字和广告语组合出现在画面中央	静止	白色背景
C11	特写	4s	优衣库标志出现在画面中央	静止	白色背景

图 4-32 优衣库广告分镜头脚本

图 4-33 优衣库定制 T 恤图案创意线稿

图 4-34　优衣库定制 T 恤图案设计

图 4-35　优衣库定制 T 恤设计

（六）样片制作

样片的制作以脚本为依据，主要包括拍摄、配音、后期制作等几个步骤。

拍摄需要提前准备拍摄计划，在开机前一般会把拍摄主线列出来，并依据拍摄主线合理安排每一个镜头，然后再考虑创造性发挥。在拍摄过程中需要具有专业拍摄能力的人才，如优秀的导演决定了出品的品质优良，优秀的摄像师决定了画面的质量上乘，不管是外景拍摄、影棚拍摄还是绿幕抠像等，每个镜头都应严格体现专业水准。同时，拍摄人员还要巨细无遗，绝不能依赖重拍、补拍——这将带来很大的麻烦。

样片的配音主要包括语言、音乐和音效。语言主要指影视广告中角色发出的声音，即"人声"，包括对白、独白和旁白。音乐也是影视广告中不可或缺的组成部分，能对广告主题的表达起到烘托氛围的重要作用。音效则是影视广告中除语言和音乐之外的所有声音的统称，如动作音响、自然音响、背景音响、机械音响、特殊音响等。采用配音一般可以更好地表现广告主题。样片的配音制作需要紧密结合广告节奏，采用恰当的演绎风格。一般来说，样片的配音都是由专业的配音团队合作完成的。

后期制作可以是简单的剪辑，也可以是复杂的三维动画制作，或从蒙太奇的手法到声画表现。在这个阶段，设计师可以充分发挥创造性思维，制作创意十足、优秀的成片。

本项目中优衣库的样片制作主要采用动画的形式来表现，因此，没有需要拍摄的内容，前期依据创意方案，绘制了关键帧的画面（见图 4-36 至图 4-38），在样片的制作中需要实现关键帧画面的动态呈现，并结合产品卖点选择恰当的个性、充满激情的音乐。

图 4-36　优衣库短视频广告部分关键帧画面设计

图 4-37　优衣库短视频广告部分关键帧背景设计

图 4-38　优衣库短视频广告样片关键帧

（七）客户审稿

短视频广告样片完成后，应交由客户审查稿件，询问客户的意见和想法。通常客户会反馈是否满足最初的创意要求，是否有基本的影音录制问题，以及后期制作等需要调整和修改的地方。此时，牵一发而动全身，改一句话可能需要调整整个视频，所有这些问题都需要双方交流清楚、明确，否则影响进度安排及效率。对于本项目初稿，需完善的地方包括：

（1）短视频广告画面节奏的衔接性。

（2）分镜换场的流畅度。

（3）广告文案对主题表达的精准性。

（八）完善定稿

围绕客户提出的修改意见，团队深入讨论并逐步提出修改方案，合理分工，对初稿进行修改及完善，直至定稿，如图 4-39 所示。

（1）调整短视频广告音乐节奏，形成时尚、个性、激情之感。

（2）缩短分镜画面换场间隙。

（3）在短视频广告开头、结尾处增加优衣库的标志、广告文案等，加强受众视觉印象，进一步强化产品卖点。

图 4-39 优衣库短视频广告完稿

作品分析： 图 4-39 所示的广告视频围绕产品 USP 展开创意，定位于成都地区本土文化，定制的 T 恤图案极富地域特色，短视频广告节奏感强，运用年轻人喜欢的国潮表现形式，具有时尚、个性化特征，且符合优衣库的产品调性。

任务三 任务评价

任务评价是项目中必不可少的一部分。本次任务的项目评分表和项目综合评价表如表 4-8 和表 4-9 所示。

表 4-8 项目评分表

班级		团队名称			姓名		学号	
项目内容		优衣库文创 T 恤 UT 系列短视频广告设计						
评价项目		评价标准		分值	个人自评		团队互评	教师评分
考勤（5%）		无迟到、早退、旷课情况		5				
工作过程（30%）	工作态度	工作态度是否端正、不怠工、不推诿		5				
	工作能力	能否体现较强的工作能力		5				
	团队合作	能否积极配合团队成员开展团队合作任务		10				
	任务创新	完成任务时是否具有创新性		10				

续表

评价项目		评价标准	分值	个人自评	团队互评	教师评分
项目效果（65%）	项目分析	对项目的各内容分析是否准确、全面、客观	5			
	设计调研	调研方法是否正确，资料搜集是否全面、仔细，资料整理分析是否科学、客观	10			
	广告策划书	广告策划书撰写是否符合规范，内容是否全面，是否具有指导意义	10			
	创意构思	创意是否新颖、具有独创性，是否关联广告主题	15			
	设计创作	广告作品中图形、色彩、文案之间是否融洽、共同准确传达设计主题，三要素之间的编排布局是否具有设计美感，画面是否具备较强的视觉冲击力，是否能熟练运用计算机进行辅助设计	20			
	印刷成品	印刷成品效果是否和电脑效果图一致，文字、图案等是否存在色差，印制效果是否精良	5			
总分			100			
教师评语						

表 4-9　项目综合评价表

项目占比	个人自评分（10%）	团队互评分（30%）	任课教师评分（60%）	综合得分（100%）
分值				

任务四　任务总结

项目所有任务完成后，团队成员需对所完成任务进行总结，并形成总结报告。

项目 11　公益类动画广告设计

动画广告是一种将艺术与现代科技高度融合的广告形式，早期动画广告多见于电视广告中，伴随着数字化技术以及互联网的不断发展和全面革新，高度融合的新媒体技术为动画广告提供了广阔的发展空间以及全方位传播的立体式渠道，动画广告开启了快速发展的进程。

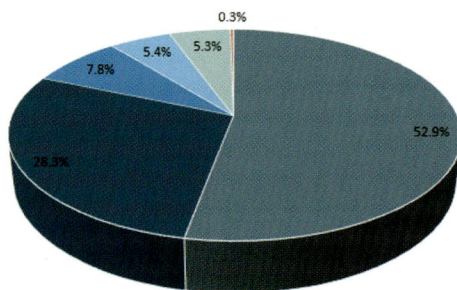

2021年按不同渠道划分的广告支出情况占比

▪数字广告 ▪电视机 ▪刊登 ▪户外广告 ▪无线电广播 ▪电影院

0.3%
5.3%
5.4%
7.8%
52.9%
28.3%

图 4-40　2021 年不同广告支出情况占比（资料来源于 Dentsu，智研咨询整理）

从图 4-40 中可以看出，2021 年数字广告发展迅速，已占据广告支出的半壁江山。究其原因有以下两方面：

一方面，现代 CG 等技术使动画广告制作的内容和过程有了质的飞跃，其画面表现形式以及人机交互的方式较之传统媒体广告更有趣生动，能更加精辟地表现所宣传产品的特征，给消费者留下深刻印象。

另一方面，网络加快拓宽了动画广告的传播途径，传统媒介不再作为唯一传播途径，新媒体、动画视频广告、弹出式广告等尤其是移动端智能手机的兴起，不仅使广告呈现图像的更真实化，让受众能互动参与从而感知传播诉求，同时还将产品信息策略性地直接融入终端（消费者），并进行精准有效的点对点信息传播，实现广告目的。

项目描述

本项目为联合国可持续发展目标"零饥饿"广告宣传片设计，以"零饥饿"为设计主题，进行动画类广告宣传片设计。

项目目标

1. 价值塑造

（1）培养团队合作意识；

（2）培养刻苦钻研精神。

2. 知识学习

理解并掌握公益类动画广告设计相关知识。

3. 能力培养

（1）熟练掌握公益类动画广告设计流程；

（2）熟练掌握公益类动画广告创意方法、广告表现方法；

（3）熟练掌握利用各种现代技术手段进行广告制作的方法；

（4）具有团队协作的能力。

任务一　任务分工

项目开始前，梳理各项任务，并进行合理的人员分工。

实战任务单如表 4-10 所示。

表 4-10　实战任务单

任务描述	联合国可持续发展目标"零饥饿"广告宣传片设计			
任务目标	以动画的形式，团队合作完成"零饥饿"广告宣传片设计			
团队		日期		
任务分配表	岗位	姓名	具体要求	备注
任务实施安排	任务分工内容	姓名	任务实施过程记录	备注

任务二　任务步骤

（一）项目分析

（1）广告要求：为联合国可持续发展目标"零饥饿"设计广告宣传片。

（2）广告目的：引导大学生积极关注联合国可持续发展目标，梳理及提升"世界公民"意识，关注人类在社会、经济、环境方面的可持续发展，用创意设计和可持续的设计方案宣传和推动人类社会可持续发展。

（3）广告受众：青年大学生。

（4）广告调性：公益、积极、正能量。

（二）设计调研

围绕本次广告目的开展前期的调研。

（1）调研时间：4 学时。

（2）调研地点：各大高校。

（3）调研对象：大学生、高校教师等。

（4）调研方法：问卷调查、访谈、邮件、电话采访。

（5）调研内容：

①对广告受众青年大学生群体进行调研，了解青年对公益广告的认知。

②就大学生群体对联合国17项可持续发展目标（见图4-41）尤其是"零饥饿"相关知识的了解进行调研。

图 4-41　联合国 17 项可持续发展目标

③对大学生心理特征、行为特征、生活习惯，尤其是动画类广告接受程度、审美观念、媒体阅读习惯等，进行调研。

④对社会相似主题公益广告发展现状进行调研，了解其设计风格、图形运用、色彩运用以及版式设计、媒体使用情况等。

（三）创意构思

以设计主题及广告设计的要求为设计依据，开展创意思维导图绘制，创想与"零饥饿"有关的创意关联词，如图4-42所示。在这一过程中要运用各种思维方法，充分发挥联想和想象，关联词越多越好，以量取胜。

创意思维导图工作结束后，团队讨论交流、推理创意关联词，根据设计主题和要求，框选最适合用于创意的关联词，最终确定联合国"零饥饿"广告宣传片创意方案，如图4-43所示。

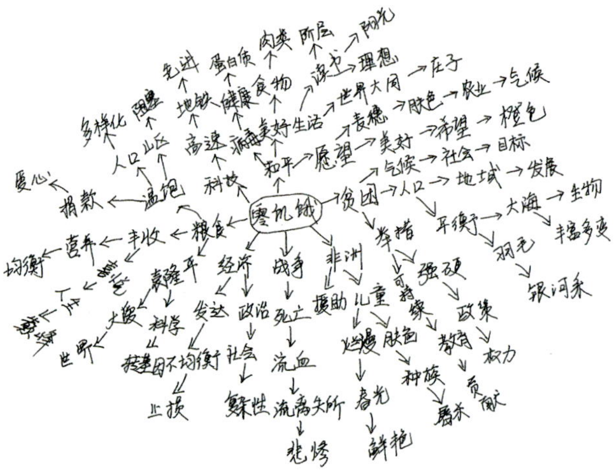

"零饥饿"广告宣传片创意确定

创意思路：联合国"零饥饿"广告宣传片主要分为三部分：

第一部分：简短介绍联合国17项可持续发展目标来源。

第二部分："零饥饿"目标介绍，重点说明目前全世界人们仍然面临饥饿的原因。

第三部分：面对现状，我们青年大学生该如何做。

确定关联词："零饥饿"目标、粮食危机、节约粮食。

关键帧画面一："零饥饿"目标。联合国"零饥饿"图标放置在画面中央，四周布局推动实现"零饥饿"目标的几个方面，加强受众对"零饥饿"目标的深入了解。

关键帧画面二：粮食危机。通过具体数据，并采用动画的形式来凸显当前全世界人民面临的饥饿问题和产生的原因，强调实现"零饥饿"目标的紧迫性。

关键帧画面三：节约粮食。运用青年大学生喜欢的动画形式，说明大学生节约粮食的各种措施，为实现"零饥饿"目标而努力。

图 4-42　"零饥饿"创意思维导图　　　　图 4-43　"零饥饿"广告宣传片创意方案

（四）创作脚本

在前期创意方案的基础上，开始创作分镜头脚本，如图 4-44 所示。脚本尽可能详细地用文字或图片展示广告片的内容。本次广告片采用文字脚本形式，将每一个镜号、景别、时长、镜头运动等描述清楚，并将每一画面和相对应的旁白做详细的文字讲解，以指导接下来的动画分镜创作和设计。

脚本制定后需要交由客户签字确认创意方向、设计制作内容以及配音文字等。

配合脚本，还应制作相关线稿，如图 4-45 所示。

联合国"零饥饿"分镜头脚本

镜号	景别	时长	画面描述	旁白	镜头运动	备注
C 1	全景	8s	联合国 17 个可持续发展目标的图标依次排列，在画面上有规律地跳动	可持续发展目标，呼吁全世界共同采取行动，消除贫困、保护地球、改善所有人的生活和未来	静止	
C 2	全景	9s	17 个目标的环形 logo 在画面中间，先静止后旋转，旋转停止变化成"可持续发展目标"七个字	17 项目标于 2015 年由联合国所有会员国一致通过，作为 2030 年可持续发展议程的组成部分	静止	环形 logo 缩放消失，标题则是由大变小地出现
C 3	全景	10s	弹出"零饥饿"目标的标识，而后从左到右、从上到下显示四组关键词语（一切形式的饥饿、实现粮食安全、改善营养健康、促进可持续农业）	今天我们要讲的就是第二个目标"零饥饿"，旨在到 2030 年消除一切形式的饥饿，实现粮食安全，改善营养状况和促进可持续农业	静止	
C 4	全景	6s	画面中央出现"联合国粮农数据"七个大字，消失后依次出现病毒、气候、战争三个图形	联合国粮农组织数据显示，由于新冠肺炎疫情、极端气候、地源冲突等影响	水平向右移动	
C 5	全景	15s	弹出旋转着的地球，四个角落逐个显示着关键的数据	2020 年，全世界有多达 8.1 亿人口面临饥饿威胁，比 2019 年增加 1.61 亿人，全球 23.7 亿人陷入粮食危机，无法获得充足的食物，比 2019 年增加 3.2 亿人。这是历史上饥饿问题最严重的时期之一	静止	
C 6	近景	13s	麦子由小变大，变大后依次出现了四种不同肤色的手，都在向着珍贵的麦子靠近	预估未来全球范围内还会发生缺乏食物的情况	静止	
C 7	全景	4s	屏幕中出现"2030 年世界很难实现零饥饿目标"	按照目前的趋势，到 2030 年世界不可能实现零饥饿的目标	静止	
C 8	全景	3s	屏幕中出现"为什么还有那么多饥饿人口"	地球上的粮食足够所有人食用，为什么还有那么多饥饿人口？	静止	文字从左到右依次出现
C 9	全景	11s	总结饥饿人口数量多的原因，画面显示几个重要原因的关键词	落后的收获方法和粮食浪费，助长了粮食短缺。此外，战争也对粮食供应造成不利影响，并且导致粮食种植至关重要的环境遭到破坏	静止	
C 10	全景	3s	抛出疑问，屏幕中出现"我们可以做些什么"几个大字	那么我们可以做什么呢？	水平右移转场	
C 11	全景	10s	具体可以做的事情，首先是准备食物时需按需烹调，（从左到右依次出现鱼、胡萝卜、鸡肉等食物）	日常饮食中应做到按需烹调。我们每个人的食量都是有限的，因此，我们在准备食物的时候应该按需烹调，不要过量准备食材，要做到不浪费粮食	水平右移转场	
C 12	特写	11s	在餐厅就餐时，遇到吃不完的食物应该学会打包，画面左边出现吃不完的食物，右边出现打包盒	当我们去餐厅就餐时，可能会遇到食物吃不完的情况，这时候我们要学会打包将吃不完的食物拿回家吃。践行节约粮食的观念，做到节约粮食	水平右移转场	
C 13	全景	18s	呼吁身边的朋友做到节约粮食。画面右边出现 A，左侧为他的两位朋友 B 和 C，6 秒后，A 背后弹出背景板继续讲解，并呼吁他们加入"零饥饿"挑战	我们除了自己要做到节约粮食以外，还要引导教育身边人也做到节约粮食。特别是对我们身边的朋友，更要向他们说明粮食的重要性，让他们懂得节约粮食有多么重要。当然你可以通过加入"零饥饿"挑战，参与"零饥饿"全球运动以了解更多信息	静止	讲解榜上出现"可以向他们说明粮食的重要性""让他们懂得节约粮食""参与零饥饿挑战"（前两个关键词一同出现，最后一个单独出现）
C 14	全景	6s	屏幕中搜索"零饥饿的世界对人类的好处"下面出现关键词"经济""健康""教育""平等""社会发展"	一个零饥饿的世界能对我们的经济、健康、教育、平等和社会发展产生积极影响	静止	
C 15	全景	2s	屏幕中央出现"行动起来"几个字	所以请行动起来	静止	
C 16	全景	3s	屏幕中央出现"零饥饿"几个字，后屏幕中央从下向上弹出"贡献自己的力量"几个字	为实现 2030 年"零饥饿"目标贡献自己的力量	静止	
						除特殊备注外，其他所有物体出现均为缩放形式

图 4-44　"零饥饿"广告宣传片分镜头脚本

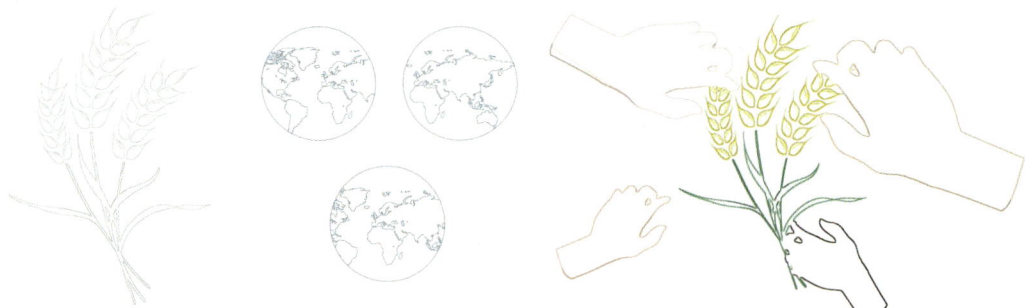

图 4-45　"零饥饿"广告宣传片创意线稿

（五）样片制作

根据脚本内容进行样片设计和制作，首先绘制关键帧的逐帧画面（见图 4-46），然后再进行后期剪辑、配音及电脑后期制作等。

该广告片电脑后期制作采用二维动画制作形式，依据创意方案中的设计思路，绘制关键帧的彩色画面，在样片的制作过程中实现关键帧画面的动态呈现，并结合设计的要求和目的配置恰当的音乐。在这个阶段，设计师需要充分发挥创造性思维，制作创意十足的成片。

图 4-46　"零饥饿"广告宣传片部分关键帧画面设计

（六）客户审稿

动画广告样片完成后，交由客户审查稿件，询问客户的意见和想法。本项目样稿需完善的地方包括：

（1）广告画面细节不够丰富。

（2）广告文字对主题表达的精准性需提高。

（七）完善定稿

围绕客户提出的修改意见，团队深入讨论并逐步提出修改方案，合理分工，对初稿进行修改及完善，直至定稿（见图 4-47）。

（1）丰富画面细节，使细节饱满生动。

（2）精炼和提取文字，使文字能够更准确地表达设计主题。

图4-47　"零饥饿"广告宣传片

作品分析： 图4-47所示的"零饥饿"广告宣传片紧紧围绕广告设计主题进行创意和设计，并采用青年大学生喜欢的动画形式，宣传"零饥饿"相关知识，知识严谨，画面生动活泼，对大学生具有极强的吸引力和号召力。

任务三　任务评价

本项目的项目评分表和项目综合评价表如表4-11和表4-12所示。

表4-11　项目评分表

班级		团队名称		姓名		学号	
项目内容		联合国可持续发展目标"零饥饿"动画广告					
评价项目		评价标准	分值	个人自评		团队互评	教师评分
考勤（5%）		无迟到、早退、旷课情况	5				
工作过程（30%）	工作态度	工作态度是否端正、不怠工、不推诿	5				
	工作能力	能否体现较强的工作能力	5				
	团队合作	能否积极配合团队成员开展团队合作任务	10				
	任务创新	完成任务时是否具有创新性	10				

评价项目		评价标准	分值	个人自评	团队互评	教师评分
项目效果（65%）	项目分析	对项目的各内容分析是否准确、全面、客观	5			
	设计调研	调研方法是否正确，资料搜集是否全面、仔细，资料整理分析是否科学、客观	10			
	广告策划书	广告策划书撰写是否符合规范，内容是否全面，是否具有指导意义	10			
	创意构思	创意是否新颖、具有独创性，是否关联广告主题	15			
	设计创作	广告作品中图形、色彩、文案之间是否融洽、共同准确传达设计主题，三要素之间的编排布局是否具有设计美感，画面是否具备较强的视觉冲击力，是否能熟练运用计算机进行辅助设计	20			
	印刷成品	印刷成品效果是否和电脑效果图一致，文字、图案等是否存在色差，印制效果是否精良	5			
总分			100			
教师评语						

表 4-12　项目综合评价表

项目占比	个人自评分（10%）	团队互评分（30%）	任课教师评分（60%）	综合得分（100%）
分值				

任务四　任务总结

项目所有任务完成后，团队成员需对所完成任务进行总结，并形成总结报告。